CePe Wirth

Reproduktionsfehler

Ansichten über das Kindergroßziehen

Roman

Dieses Buch ist auch als E-Book erhältlich.

Erstmals erschienen 2022 (Version 1.02)

Eigenverlag:
CePe Wirth
Halverscheid 22
58553 Halver
cepewirth@gmx.de

Druck: epubli – ein Service der
neopubli GmbH, Berlin

Für
meine Mentorin,
meine Liebste,
meine Susanne

Alle Charaktere in diesem Roman
sind frei erfunden und rein fiktional.
Jegliche Ähnlichkeiten mit lebenden
oder realen Personen sind rein zufällig.

Mittwoch, 23. Januar

Geburtstag von Curd-Jürgen

Jennifer schaut auf die Küchenuhr: Zeit, Melinda und Curd-Jürgen, ihren Kleinsten, zu wecken. Melinda ist schon zehn Jahre alt und in Alltagsdingen sehr selbstständig. Curd-Jürgen feiert heute seinen zweiten Geburtstag.

Eigentlich hatten Jennifer Hassel-Meyer und ihr Mann Carl-Michael Meyer keine Kinder mehr haben wollen. Und Jennifer hatte die Arbeit in der Kanzlei ihres Mannes wieder aufnehmen wollen. Doch das Leben hatte sich anders entschieden und nach einem ersten, kurzen Schock hatte sie sich sehr über die Schwangerschaft gefreut. Bei der Geburt war Jennifer 33 gewesen, also bei weitem nicht zu alt, um noch einmal ein Kind zu bekommen. Andere Mütter, sie denkt dabei an Ines von Berken, sind bereits jenseits der 40 gewesen, als sie zum ersten Mal niedergekommen sind.

Nachdem Melinda endlich wach ist und gähnend im Bad verschwindet, wendet sich Jennifer ihrem Ein und Alles zu. Vorsichtig hebt sie ihren Curd-Jürgen aus seinem Bettchen und drückt ihm, wie jeden Morgen, einen Kuss auf die Stirn.

„Guten Morgen, mein Schatz.“

Langsam kommt der Junge zu sich und lächelt sie, auch wie jeden Morgen, an. Das freundliche und fröhliche Wesen hat er von ihr geerbt.

Carl-Michael ist Rechtsanwalt. In Kürze soll er als Kompagnon die Kanzlei seines Vaters zusammen mit Dr. Tobias Schnalt weiterführen. Er arbeitet unermüdlich und versucht so, den fehlenden Doktortitel zu kompensieren. Dementsprechend wenig Zeit hat er für die Familie, aber er unterstützt Jennifer, wo er nur kann. So hat Carl-Michael die 18 neuen Spielzeugautos, allesamt teure Modelle aus Metall mit aufklappbaren Türen und Hauben, besorgen lassen, die jetzt auf Curd-Jürgens Geburtstagstisch liegen. Jennifer hat alle einzeln in unterschiedliche Geschenkpapiere eingepackt und mit unterschiedlich farbigen Schleifchen versehen, damit Curd-Jürgen schon beim Auspacken viel Freude haben soll.

Curd-Jürgen ist sehr aufgeregt, denn erstmals kann er seinen Ehrentag benennen und man hat den Eindruck, dass er ansatzweise versteht, was ein Geburtstag ist. Jedenfalls freut er sich, die beiden Kerzen auf dem Geburtstagsmuffin auszupusten. Und obwohl er morgens immer hungrig ist, kann ihn heute auch das verlockendste Müsli nicht vom Geschenkeaufreißen abhalten. In Nullkommanichts sind alle Autos freigelegt und fahren auf dem Fußboden um die Wette oder verursachen Zusammenstöße. Es dauert keine fünf Minuten und die nagelneuen Karossen haben erhebliche Lackschäden oder Beulen, einem Porsche 911 fehlt bereits die Fahrertür. Jennifer lässt ihn gewähren, schließlich muss jeder Mensch auch sein Aggressionspotenzial ausleben dürfen, hat sie irgendwo gelesen. Erst nach viel Gezeter ist der kleine Mann bereit, von seinen neuen Spielzeugen abzulassen. Das Frühstücksmüsli packt Jennifer in eine Tupperdose und diese schnell in ihren Einkaufskorb, damit sie Melinda noch rechtzeitig zur Schule und Curd-Jürgen in die Kindertagesgruppe bringen kann. Gestern hat sie schon die Geburtstagsmuffins für die ‚Sonnenaufgang'-Kinder in den Korb gestellt in weiser Voraussicht, dass es heute Morgen zeitlich knapp werden würde.

Irgendwie geht heute alles langsamer als an anderen Tagen. Vermutlich ist es Curd-Jürgens Aufregung, die alles so mühsam macht. Melinda hingegen ist unkompliziert wie immer, kriecht selbst auf ihren Kindersitz auf der Rückbank des Touareg und schnallt sich auch selbstständig an. Jennifer muss nur noch einmal kontrollieren und dann kann es endlich losgehen.

Der Unterricht hat bereits begonnen, als sie vor Melindas Schule ankommen. Das Gute daran ist, dass alle ‚Müttertaxis' schon weg sind und die Straße frei ist. Jennifer muss nur kurz anhalten, Melinda steigt alleine aus, knallt die Tür mit all ihrer Kraft zu und winkt der Mama zum Abschied. Dann rennt sie los, denn sie weiß, dass sie zu spät dran ist.

Jennifer braust weiter. Wie jeden Morgen bleibt sie einfach mitten auf der Straße zum Kinderhort stehen und schaltet die Warnblinkleuchten ein. Sie fühlt sich nicht in der Lage, ihren ‚Panzer', wie sie den VW Touareg nennt, ordentlich einzuparken. Carl-Michael hat ihr dieses Auto zur Geburt von Curd-Jürgen gekauft, weil es doch so praktisch sei: Sie bräuchte sich nicht mehr zu bücken, um den Kleinen ins Auto zu setzen. Außerdem habe der ‚Panzer' Platz für Kinderwagen und alles, was sie sonst noch für den Kleinen mitnehmen müsse. Die Kehrseite der Medaille sind die gewaltigen Abmessungen des ‚Panzers', den sie in keine Parklücke hineinmanövriert bekommt. Und die Abstandssensoren, die ihr dabei hätten helfen sollen, machen sie mit ihrem Gepiepe nur nervös. Oh, wie vermisst sie ihr Käfer-Cabriolet!

Wissend, welch Hindernis sie für andere darstellt, hat sie sich angewöhnt, die anderen Fahrer freundlich anzulächeln in der Hoffnung auf Nachsicht. ‚Freundlich lächeln' ist eigentlich Jennifers zweiter Vorname. Sie ist sich ihrer Attraktivität als Frau durchaus bewusst und hat die Erfahrung gemacht, dass zumindest Männer sehr wohlwollend reagieren, wenn sie sie darüber hinaus anlächelt. Dann kann sie sich beim starken Geschlecht nahezu alles erlauben. Jedoch kann sie so das Gehupe und das Gestikulieren der anderen Verkehrsteilnehmer nicht ganz verhindern. Aber was soll sie tun?

Normalerweise braucht sie keine fünf Minuten, um Curd-Jürgen in der Kita abzugeben, weil er sich jeden Morgen so sehr auf die anderen Kinder freut, dass die Mama bereits vergessen ist, wenn sie ihm die Pantöffelchen angezogen hat. Heute muss sie aber zunächst eine Mitarbeiterin finden, um ein paar Worte zu den Muffins, die für die Kinder bestimmt sind, zu sagen. Sie findet die Leiterin der Einrichtung, Jacqueline Winterhof-Rümmeling, eine äußerst nette und bemühte Frau ihren Alters.

„Hallo Jacky, gut dass ich dich treffe. Curd-Jürgen hat heute Geburtstag."

„Ja, habe ich auch schon auf unserem Geburtstagskalender gesehen."

„Kannst du bitte den Kindern aus seiner Gruppe die Muffins an geeigneter Stelle geben, vielleicht nach dem Frühstück? Ach, und in der ganzen Aufregung heute Morgen hat er noch nicht mal gefrühstückt. Deswegen ist in dieser Dose sein Müsli..."

„Ja, klar, kein Problem. Wir werden für Curd-Jürgen nach dem Frühstück ein Lied singen und dann gibt es deine Leckereien."

„Mein Wagen steht ungünstig und ich muss schnell los, tut mir leid. Ich lasse dir den Einkaufskorb hier, dann kannst du die Muffins damit transportieren. Ich nehme ihn dann heute Nachmittag mit, wenn ich Curd-Jürgen abhole, okay?"

„Alles klar, so machen wir es. Dir einen schönen Tag."

„Tschüss."

Endlich wieder zu Hause gönnt sich Jennifer eine erste Tasse Kaffee und ihr Müsli. Auch sie ist in dem morgendlichen Trubel nicht zum Frühstücken gekommen.

Carl-Michael schläft normalerweise, bis Jennifer und die Kinder aus dem Haus sind. Dann macht er sich fürs Büro fertig. Das Frühstück nimmt er dann in der Kanzlei ein. Heute Morgen ist er ohne einen Abschiedskuss bereits unterwegs, weil es bei ihr länger gedauert hat.

Nach dem Frühstück ruft Jennifer ihren Mann an. Sie muss einen Moment warten, bis die Sekretärin sie durchstellt.

„Gutn Mmmorgn, mmein Schatz."

Offensichtlich hat Carl-Michael gerade von seinem obligatorischen Brötchen abgebissen.

„Guten Morgen, Liebster. Ich hoffe, du hast gut geschlafen und wir haben dich heute Morgen nicht zu sehr gestört?"

„Alles gut. Was kann ich für dich tun?"

„Kannst du heute vielleicht so früh nach Hause kommen, dass wir Curd-Jürgens Geburtstag gemeinsam feiern können? Deine Eltern kommen zum Kaffee. Ich habe gedacht, vielleicht kannst du ja heute ausnahmsweise um vier Schluss machen und Curd-Jürgen aus dem Kindergarten mitbringen?"

„Tut mir leid, mein Schatz, um vier habe ich noch einen wichtigen Mandanten. Aber danach versuche ich zu kommen. Du schaffst das aber auch ohne mich."

Carl-Michael lebt für die Kanzlei. Er will seinem Vater Claus-Dieter, der die Kanzlei zusammen mit Eugen Schnalt, dem Vater von Dr. Tobias Schnalt, gegründet hat, beweisen, dass er ein würdiger Nachfolger ist. Dadurch sind die Aufgaben zwischen den Eheleuten klar verteilt: Carl-Michael sorgt für den finanziellen Rahmen und Jennifer hat sich um Haushalt und Kinder zu kümmern. Immer wenn sie versucht, ihn für Familienangelegenheiten einzubinden, reagiert er allergisch und er hat ja auch wirklich viel zu tun.

Und so ist es von Anfang an gewesen: Die Kanzlei Schnalt & Meyer hat, solange Jennifer es überblicken kann, immer nur attraktive Blondinen als Auszubildende angenommen, vermutlich auf Betreiben von Carl-Michaels Vater Claus-Dieter. Claus-Dieters

Frau, Carl-Michaels Mutter also, ist ebenfalls eine wunderschöne Blondine gewesen und ist es heute mit ihren 69 Jahren immer noch, wenn auch nicht mehr blond. Auch sie, Jennifer, hat diesem Umstand ihre Ausbildungsstelle zur Rechtsanwaltsgehilfin zu verdanken gehabt. Ihr Mittlerer Schulabschluss ist nur mäßig gewesen, dafür aber ihr Busen schon damals wohlgeformt. Genetisch scheint dieses Faible für Blondinen auf Carl-Michael übergegangen zu sein, denn er hat sich von Beginn an für Jennifer interessiert und sie hofiert. Und so ist es gekommen, wie es hat kommen müssen: Die beiden waren miteinander im Bett gelandet und bereits nach der ersten Nacht war Jennifer schwanger gewesen. Auf Drängen der Familie hatten Carl-Michael und Jennifer heiraten müssen. Abtreibung oder Adoption waren in der katholischen Familie Meyer keine Optionen gewesen. Und so hatte die Frucht ihrer Liebesnacht sieben Monate nach der Hochzeit den Namen Caspar erhalten.

Alle männlichen Nachkommen der Meyer-Dynastie tragen Vornamen, die mit dem Buchstaben ‚C' beginnen, das ist seit Generationen Tradition. Der Name Caspar hatte Jennifer damals vor 15 Jahren auch wirklich gut gefallen, weswegen sie leichten Herzens hatte zustimmen können. Aber es war von Anfang an auch klar gewesen, dass sie sich als Gegenleistung für den Luxus, den Carl-Michael ihr bieten kann, um Haushalt und Erziehung alleine würde kümmern müssen.

An diesem Morgen hat Jennifer genug Aufregung gehabt, jetzt hat sie sich die Zeit im Fitnessstudio redlich verdient.

Auf dem Rückweg wird sie mit Caspar einen kleinen Mittagssnack in Tonis Pizzeria essen. Und auf dem Heimweg wird sie noch Tortenstückchen bei der Konditorei Lindner besorgen.

Caspar ist mit seinen fünfzehn Jahren stark pubertierend und es wäre ihm fürchterlich peinlich gewesen, wenn seine Mutter ihn von der Schule abholen würde. Also schickt sie ihm kurzerhand eine WhatsApp-Nachricht. Caspar hat immer wieder betont, dass es erlaubt sei, das Handy im Unterricht zu benutzen, sie könne ihn also jederzeit erreichen. Wenige Sekunden später meldet er zurück, dass die letzte Stunde ausfalle und sie sich schon um Viertel vor eins bei Toni treffen könnten. Jetzt muss sie sich sogar noch mit dem Duschen beeilen.

Jennifer sitzt pünktlich um Viertel vor eins auf ihrem Stammplatz in Tonis Pizzeria, aber Caspar lässt noch 20 Minuten auf sich warten.

„Was ist dir denn noch dazwischen gekommen?“, fragt sie ihn zur Begrüßung ohne ein Hallo.

„Ich habe Dean noch nach Tipps für das Referat für Geschichte morgen gefragt und er hat mir noch ein paar gute Hinweise gegeben. Tut mir leid, dass es etwas länger gedauert hat. Ich muss mal noch unbedingt zur Toilette ...“

„Komm, sag mir schnell, was du essen willst, dann kann ich schon mal bestellen.“

„Ich nehme das Filetsteak, wie immer, und ein Pils dazu, ja?“

„Bier, du bist doch erst fünfzehn, muss das sein?“

„Mama, bitte! Ich bin doch kein Kleinkind mehr … und ich muss jetzt dringend …“

Jennifer bestellt Steak und Bier und für sich einen Salat und ein Wasser.

Als Caspar zurück ist, rückt Jennifer mit ihrer Bitte heraus:

„Ich brauche deine Unterstützung. Du weißt, dass Oma und Opa heute gegen vier zum Geburtstagskaffee kommen. Ich hatte gehofft, dass Papa heute mal ausnahmsweise früher nach Hause kommt, das geht aber wohl nicht. Also muss ich Curd-Jürgen nachher von der Kita abholen. Leistest du bitte dann solange deinen Großeltern Gesellschaft?“

„Nee, das geht nicht, Mama, ich werde den ganzen Nachmittag für mein Referat brauchen. Da geht es morgen in Geschichte um die Halbjahresnote und da muss ich noch was rausreißen. Tut mir leid.“

„Ach, das kann doch nicht wahr sein, heute, wo dein Bruder Geburtstag hat. Das enttäuscht mich aber. Hättest du das nicht besser planen können?“

„Mir tut es ja auch leid, aber wir haben heute von Herrn Schnalt noch neue Bewertungskriterien gesagt bekommen und deshalb muss ich alles, was ich bisher habe, nochmal überarbeiten. Du willst doch auch, dass ich mich in der Schule verbessere.“

Das letzte Argument zieht und Jennifer gibt klein bei. Still essen beide ihre Teller leer, Jennifer bezahlt und auf dem Heimweg sprechen beide kein Wort. Nach einer Weile steckt Caspar seine Airpods in die Ohren und hört Musik, als wenn nichts gewesen sei.

Jennifer muss irgendeine Lösung finden, sie kann schließlich Claus-Dieter und Charlotte, ihre Schwiegereltern, nicht einladen und sie dann einfach am Kaffeetisch sich selbst überlassen.

Um vierzehn Uhr macht sie noch einen neuen Anlauf bei Caspar. Als sie an seine Zimmertür klopfen will, hört sie Kriegslärm von drinnen. Ist es denn die Möglichkeit und Caspar spielt seine Ballerspiele, anstatt an seinem Referat zu arbeiten? Sie klopft kurz und ohne abzuwarten stürmt sie wutgeladen in sein Zimmer. Sofort hört der Lärm auf. Caspar schaut sie verwirrt an.

„Was ist?“, fragt er verärgert.

„Du sagst, du hast keine Zeit für Oma und Opa, und dann höre ich, wie du deine Ballerspiele spielst …“

„Ach Mama, das waren doch keine Ballerspiele. Ich habe hier gerade ein YouTube über den Ersten Weltkrieg angesehen. Das will ich noch irgendwie in mein Referat einbinden. Guck hier!“

Und tatsächlich ist ein angehaltenes Kriegsvideo auf seinem Monitor zu sehen.

„Mama, ich muss wirklich weitermachen. Vertrau mir doch mal.“

Jennifer fühlt sich schlecht. Ist sie eine Mutter, die ihren Kindern kein Vertrauen entgegenbringt? Und ist nicht gerade Vertrauen das, was Heranwachsende am meisten brauchen?

Aber im Moment hat sie Dringlicheres zu bedenken: Welche Möglichkeiten hat sie noch? Auf keinen Fall will sie das Kaffeetrinken um eine Stunde verschieben. Es würde für Claus-Dieter so aussehen, als ob sie alleine wieder mal nichts hinbekommt.

Also muss sie Curd-Jürgen heute ausnahmsweise direkt nach dem Mittagsschlaf aus der Kita abholen. Es geht nicht anders. Er wird Theater machen und sich sträuben, aber es geht tatsächlich nicht anders, basta.

In dem Streit mit Caspar hat sie vergessen, bei der Konditorei Lindner anzuhalten. Das muss sie auch noch erledigen. Das wird knapp.

Schnell bei Lindners reingesprungen, fällt ihr die Auswahl leicht, denn es ist nicht mehr viel in der Auslage. Der Zweifel macht sich in ihr breit, ob sie wirklich in der Lage ist, ihren Haushalt und die Kinder alleine auf die Reihe zu kriegen? Aber für solche Gedanken hat sie jetzt keine Zeit.

Vor dem Kindergarten stellt sie die Warnblinkanlage an und springt aus dem Auto. Als wenn es nicht schon schwer genug wäre, ihren Curd-Jürgen, der lieber noch mit den anderen Kindern spielen will, davon zu überzeugen, dass er jetzt mitkommen muss, trifft sie auch noch auf Ines von Berken.

„Sag mal, bist du eigentlich total bescheuert, du kannst unsere Kinder doch nicht mit deinen Süßigkeiten vergiften. Jacky hat mir erzählt, dass du für alle Kinder Muffins mit Zuckerglasur mitgebracht hast. Weißt du eigentlich, wie viel Zucker da drin ist? Und du weißt, was Zucker anrichtet? Aber das weißt du sicher nicht, so blond, wie du bist!“

Das sitzt! Jennifer kann erst mal nicht wechseln. Dann kommt zaghaft:

„Aber Curd-Jürgen hat doch heute Geburtstag, da muss ich doch eine Kleinigkeit für die Kinder mitbringen …“

„Doch keinen Süßkram oder willst du die Kinder umbringen? Das weiß doch jeder, dass Zucker alle möglichen Krankheiten wie Diabetes, Adipositas oder Karies nach sich zieht ..."

Ehrlich gesagt, wusste Jennifer nichts mit der Aufzählung der Krankheiten anzufangen. In ihrem bisherigen Leben waren die Begriffe noch an keiner Stelle aufgetaucht.

„Aber es war doch nur dieses eine Mal ..."

„Jetzt tu nicht dümmer, als du bist. Du weißt ganz genau, wie schwer es ist, die Kleinen von Süßigkeiten fern zu halten. Und wenn sie erst einmal auf den Geschmack gekommen sind ..."

Ines ergänzt: „Ich möchte, dass du solche Aktionen in Zukunft mit mir abstimmst!" Und mit diesen Worten lässt sie Jennifer stehen.

Ines von Berken ist selbstständige Immobilienmaklerin, außerdem im Stadtrat für die CDU und überhaupt eine große Nummer in Wermelsburg. Mit 41 ist sie zudem noch Mutter geworden und auch diese Aufgabe erledigt sie mit Bravour. Ihr Filius Winfried ist jetzt drei Jahre alt. Bereits seit zwei Jahren besucht er den Kindergarten ‚Sonnenaufgang' und Ines von Berken wacht mit Argusaugen nicht nur darüber, dass ihm nichts geschieht, sondern auch, dass alle zu seinem Wohle ihr Bestes geben. Mit anderen Worten: Sie ist eine fürchterlich unangenehme Zeitgenossin, mit der man sich besser nicht anlegt.

Komplett niedergeschlagen ob der Auseinandersetzung mit Ines kommt Jennifer zum ‚Panzer' zurück und wird vom Hupkonzert der verärgerten Autofahrer empfangen. Heute Nachmittag kann sie nicht mit einem freundlichen Lächeln wechseln, zu angespannt ist sie. Der Blick zur Uhr verrät ihr, dass sie jetzt schon zu spät für ihre Schwiegereltern ist. Hoffentlich hat Caspar den beiden wenigstens die Tür geöffnet und ein wenig Konversation gemacht.

Als sie zur Haustür hereinkommt, sitzen Claus-Dieter und Charlotte seit einer Viertelstunde alleine am Esszimmertisch. Claus-Dieters rechte Augenbraue geht als Zeichen seiner Missbilligung nach oben. Gott sei Dank freut sich wenigstens Charlotte so sehr, ihr Enkelchen zu sehen, dass die Stimmung nicht komplett kippt. Leider hat sich Caspar, nachdem er die beiden Großeltern hereingebeten hatte, direkt wieder mit der Bemerkung, er müsse für die Schule arbeiten, auf sein Zimmer verabschiedet.

Schnell setzt Jennifer den Kaffee auf, arrangiert die mitgebrachten Teilchen und deckt den Tisch, während der Kleine sich über die Geschenke der Großeltern hermacht. Den teuren Steiff-Teddybären packt er mit Interesse aus, schenkt ihm aber nur kurze Zeit seine Aufmerksamkeit und wendet sich dann wieder seinen Spielzeugautos zu. Jetzt kippt auch die Stimmung bei Charlotte, die gedacht hat, dass sie ihrem Enkel mit dem teuren Geschenk eine große Freude bereitet.

Schweigend trinken die drei ihren Kaffee und probieren von den Tortenstückchen.

Es herrscht eine gedrückte Stimmung, bis es an der Tür klingelt und Melinda aus der Schule kommt. Als die Großeltern Melinda sehen und diese sie mit einem Küsschen auf die Wange begrüßt, hellt sich die Stimmung der beiden auf.

„Na, meine Süße, wie war es heute in der Schule?“ will Charlotte wissen.

Und Melinda plappert mit großen Augen los. Mittwochnachmittags haben sie immer Tanzen in der Grundschule ‚Am Mühlenacker‘ und darauf freut sich Melinda schon die ganze Woche.

„Frau Schmalenbach, meine Klassenlehrerin, hat mich gelobt. Sie hat gesagt, ich hätte ganz viel Talent zum Tanzen.“

Gespannt hören sich die Großeltern alle Details an, die Melinda zu berichten hat. Die Stimmung scheint gerettet.

Caspar erscheint ohne Worte, schaufelt sich zwei Tortenstücke auf einen Teller und verlässt die Runde, wieder ohne Worte. Erneut geht Claus-Dieters rechte Augenbraue nach oben und sein Blick trifft Jennifer.

„So war es immer und so wird es immer sein“, denkt Jennifer. „In Claus-Dieters Augen kann ich nichts recht machen.“

Melinda spielt Alleinunterhalterin, bis Carl-Michael endlich gegen halb sechs nach Hause kommt.

„Warum kommst du so spät? Dein Sohn hat heute Geburtstag, hast du das etwa vergessen?“, raunzt ihn Claus-Dieter gleich an.

„Natürlich nicht, aber es gab noch eine wichtige Besprechung mit einem Mandanten, die Gerstenkorn-Affäre, du weißt schon …“

„Was kann es Wichtigeres geben als die Familie?“, belehrt ihn Claus-Dieter und nun ist auch Carl-Michaels Stimmung im Keller. Er hatte gedacht, dass sein Vater ihn ob seines Engagements für die Kanzlei loben würde, aber weit gefehlt. Auch Carl-Michael kann seinem Vater kaum etwas recht machen.

Freitag, 1. Februar

Halbjahreszeugnisse in NRW

Gespannt wartet Jennifer auf die Rückkehr ihrer Kinder aus der Schule. Heute gibt es die Halbjahreszeugnisse in Nordrhein-Westfalen.

Auf dem Zeugnis von Melinda wünscht sich Jennifer die Empfehlung zum Übergang ins Gymnasium vorzufinden. Und Caspars Zeugnis wird hoffentlich die Bemühungen widerspiegeln, die er in den letzten Wochen zweifelsohne gezeigt hat.

Caspar hatte bereits die siebte Klasse im Gymnasium wiederholen müssen. Sein Klassenlehrer hatte die Meyers damals beruhigt: es sei die beginnende Pubertät, Caspar sei intelligent genug, das Gymnasium zu schaffen. Das hätte er in der Erprobungsstufe doch bewiesen. Lediglich seine Konzentration auf die Schule sei nicht ausreichend, er müsse einfach mehr tun, mehr lernen.

Die Wiederholung der Klasse 7 war ihm gut gelungen, auch dank seiner neuen Klassenlehrerin Frau Pagelsdorff, und so ist Jennifer optimistisch, dass er auch jetzt in der 8 ein passables Halbjahreszeugnis nach Hause bringen wird. Er hatte oft stundenlang in seinem Zimmer gesessen und gearbeitet.

Als erste kommt Melinda gegen 12.30 Uhr heim, wie immer fröhlich. „So bin ich auch als Kind gewesen, ja, und so bin ich im Grunde immer noch, wenn nur der Druck von Familie und Schule und Kindergarten nicht so groß wäre“, denkt Jennifer.

„Schatz, zieh erst einmal die Schuhe und den Anorak aus, und dann zeig mal dein Zeugnis. Ich bin schon so gespannt!“

Melinda streift die Stiefelchen ab und kickt sie vor die Garderobe, der Anorak fällt vom Garderobenhaken auf den Boden. Schon kramt sie in ihrem bunten Scout-Tornister nach dem Zeugnis, das sie, wie von Jennifer gewünscht, in die mitgenommene Klarsichthülle gesteckt hat.

Freudestrahlend präsentiert sie Jennifer das Schriftstück:

„Die Zeugniskonferenz vom ...“, Jennifer überspringt das Formale, „... dass Melinda für den Besuch der Hauptschule ... geeignet ist. Für den Besuch der Realschule ist sie mit Einschränkungen geeignet.“

Jetzt muss sich Jennifer erst einmal setzen. Aber bei dem Elterngespräch gegen Ende des letzten Jahres hatte das für sie doch noch ganz anders geklungen. Zwar hatte Dorothee Schmalenbach, die Schulleiterin der Grundschule ‚Am Mühlenacker‘ und Klassenlehrerin von Melinda, herumgedruckst, aber als Carl-Michael sie am Ende des Gesprächs gefragt hatte, ob denn die Gymnasialempfehlung möglich sei, hatte sie geantwortet: „Auszuschließen ist auch das nicht.“

Dorothee, so hatte Carl-Michael seiner Frau erzählt, hatte mit ihm zusammen am LEG, dem Ludwig-Erhard-Gymnasium, die Schulbank gedrückt. Sie sei eine absolute Streberin gewesen, zwar eher zurückhaltend, ja sogar schüchtern, aber immer mit sehr guten Noten. Er und seine Freunde hatten sie mit ihrem Vornamen aufgezogen und sie immer „Doro-

Teeeeeeeee“ gerufen. Deshalb vermutlich spricht sie heute ihren Namen lieber englisch aus: „Dorothy“.

Gegen 13 Uhr traut sich endlich auch Caspar nach Hause. Schnell wird klar, warum er erst jetzt auftaucht: Sein Zeugnis strotzt von Vieren und in Deutsch und Englisch steht da jeweils sogar ein Mangelhaft. Als Konsequenz liest Jennifer daher oben auf der zweiten Seite die Bemerkung: „Bei gleichbleibenden Leistungen ist die Versetzung in die nächsthöhere Klassenstufe am Ende des Schuljahres gefährdet.“

Caspar hat sein Nachhausekommen gut getimt: Je länger er ausbleiben würde, umso später würde seine Mutter sich aufregen. Käme er allerdings viel zu spät, wäre es ihr unmöglich, seinem Zeugnis doch noch etwas Gutes abzugewinnen, um den Wutausbruch seines Vaters zu mildern.

Weil Jennifer eigentlich gedacht hatte, dass es etwas zu feiern gibt, hat sie kein Mittagessen vorbereitet und stattdessen eine Einladung ins Restaurant geplant. Aber irgendetwas müssen die Kinder ja trotzdem zu Mittag bekommen, also bestellt sie über Lieferando schnell Burger mit Pommes Frites von ‚Bella Ella‘.

Nach dem Essen verschwindet der Fastfood-Abfallberg schnell im Müll und sie nimmt sich Zeit zu überlegen, wie sie das Versagen der Kinder Carl-Michael am Abend schonend beibringen kann. Jennifer fühlt sich hilflos. Vermutlich schiebt Carl-Michael wieder die gesamte Schuld an dem Zeugnisdesaster ihr zu. „Also warum nicht gleich alles auf sich und damit die Kinder aus der Schusslinie nehmen“, denkt sie.

Fast vergisst sie noch Curd-Jürgen aus der Kita abzuholen, das hätte Carl-Michael sicher zur Weißglut gebracht.

„Das ist ja eine Katastrophe", poltert Carl-Michael dann auch nach den ersten Blicken über die Zeugnisse los. „Wie kann das sein? Warum hast du mir nicht gesagt, dass es in der Schule so schlecht läuft?"

„Es tut mir leid, alles ist meine Schuld", gesteht Jennifer unter Tränen, „aber ich habe das auch nicht mitbekommen, dass es so schlimm steht. Caspar hat doch immer viel in seinem Zimmer gesessen und gelernt. Wie kann das sein? Und Melinda war immer so fröhlich und ausgeglichen. Auch da habe ich gedacht, alles sei in Ordnung."

„Aber es muss doch Anzeichen gegeben haben, sie müssen dir doch Klassenarbeiten zur Unterschrift vorgelegt haben?"

„Ja, Melinda hat mir immer was zur Unterschrift vorgelegt, da war auch nie eine Fünf dabei. Daran hätte ich mich erinnert. Und Caspar? Immer wenn ich den gefragt habe, hieß es nur, sie hätten noch keine Arbeit geschrieben oder sie hätten die Arbeit noch nicht zurück. Jetzt, wo du fragst, ich glaube, er hat mir nur mal ein Befriedigend in Mathe gezeigt, aber unterschreiben musste ich auch das nicht, hat er gesagt. Ist das nicht komisch?"

„Komisch? Der hat dich verarscht und du lässt das mit dir machen. Du bist viel zu gutgläubig, viel zu naiv. Und kannst du mit Sicherheit sagen, dass er die viele Zeit in seinem Zimmer wirklich mit Lernen zugebracht hat?"

„Wenn du so fragst, nein, mit Sicherheit kann ich das nicht sagen. Aber ist es nicht gerade in der Pubertät wichtig, dass wir ihm vertrauen? Was soll aus Jugendlichen werden, deren Eltern immer argwöhnisch sind?“

Punkt für sie! Carl-Michael hat immer unter dem mangelnden Vertrauen seines Vaters gelitten. Und wenn er ehrlich ist, leidet er heute noch darunter.

Andererseits weiß er auch, dass über Kevin Schnalt, den noch recht jungen Leiter des Wermelsburger LEG und Sohn seines zukünftigen Kompagnons Dr. Tobias Schnalt, Caspars Versagen in der Schule auf ihn zurückfällt. Das wird seiner sowieso nicht sonderlich guten Reputation in der Kanzlei nicht förderlich sein.

Nachdem Carl-Michael seinen ersten Ärger über die Zeugnisse mit einem Whisky heruntergespült hat, denkt er nach vorne:

„Ganz bestimmt wollte Dorothee sich mit der Schulempfehlung an mir rächen. Damals haben wir Jungs ihr das Leben schwer gemacht und das war zugegebenermaßen nicht nett von uns, und jetzt zahlt sie es mir so heim. Gut, dass Melinda immer positiv ist und das katastrophale Zeugnis gar nicht an sich heranlässt. Und es gibt ja auch viele schöne Noten, zum Beispiel hier die Zwei in Musik und die in Sport.“

Nach einer kurzen Pause sinniert er weiter: „Wir gehen mal zum Informationsabend der Sekundarschule und hören uns an, was die da zu erzählen haben. Aber wenn du mich fragst, sollten wir Melinda trotzdem am Gymnasium anmelden. Ich werde in der Kanzlei schon mal lancieren, dass wir zur Anmeldung am LEG auftauchen. Dann kann es Tobias seinem Sohn schon mal stecken."

„Und mit dieser Klassenlehrerin von Caspar, wie heißt sie noch?"

„Frau Pagelsdorff", hilft ihm Jennifer auf die Sprünge.

„Ja, genau, mit der kann man doch auch reden. Da gehen wir gemeinsam zum Sprechtag. Wann ist der? Ah, hier steht es ja: nächsten Montag. Machst du bitte einen Termin mit Frau Pagelsdorff für 18 Uhr. Notier dir das."

Dienstbeflissen trägt Jennifer es in ihre Kalender-App ein.

Montag, 04. Februar

Elternsprechtag am Gymnasium

Zwar sollte der Sprechtag am Gymnasium offiziell bereits um 17 Uhr zu Ende sein, aber Jennifer hatte Frau Pagelsdorff bekniet, dass sie ihren Mann und sie noch um 18 Uhr empfängt.

Als die beiden um kurz vor sechs vor dem Lehrerraum von Paula Pagelsdorff ankommen und klopfen, müssen sie sich tatsächlich noch gedulden, denn Frau Pagelsdorff ist noch mit einer anderen Mutter im Gespräch.

Pünktlich um 18 Uhr verlässt die andere den Klassenraum. Es ist Belinda Terodde, eine alleinerziehende Mutter in Jennifers Alter, die Mutter von Dean, Caspars bestem Freund, und von Romy, die in dieselbe Klasse geht wie Melinda.

„Hallo zusammen."

„Hallo", entgegnet Jennifer, „wir müssen dann mal rein zu Frau Pagelsdorff, damit die Arme heute irgendwann mal Feierabend bekommt. Aber wir sprechen demnächst mal, okay?" Carl-Michael ist bereits grußlos im Raum verschwunden.

„Okay, bis dann", verabschiedet sich auch Belinda.

Als Jenny in den Raum kommt, begrüßt Frau Pagelsdorff sie mit Handschlag und einem Lächeln. Sie bittet sie, neben Carl-Michael ihr gegenüber Platz zu nehmen.

Paula Pagelsdorff ist Lehrerin mit Leib und Seele. Mit allem, was sie macht und tut, versucht sie ihre

Zöglinge zu unterstützen. Das ginge manchmal bis zur Selbstaufgabe, meinen einige Kollegen. Der eine oder die andere hat sie schon ins Gebet genommen und gewarnt, dass sie es nicht übertreiben solle. Aber sie zieht so viel Energie aus ihrem Engagement, dass sie überzeugt ist, alle Anstrengungen seien es wert. Und so mancher Kollege ist sicher einfach nur neidisch auf ihre Beliebtheit bei Schülern und Eltern.

Paula Pagelsdorff kann sich kein anderes Leben vorstellen. Lehrerin zu sein ist für sie die Erfüllung.

Wenn sie so ein glückliches Paar wie die Meyers, die da gerade vor ihr sitzen, sieht, wünscht sie sich auch manchmal einen Mann an ihrer Seite. Die letzte längere Beziehung hatte sie, da war sie noch Referendarin gewesen, das muss ungefähr fünfzehn Jahre her sein. Sie hatte ihren Verlobten Alfons wirklich gern gehabt, und obwohl sie Katholische Religion studiert hat und eine gläubige Christin ist, hatte sie dem vorehelichen Sex zugestimmt. Kurz vor ihrer letzten und entscheidenden Unterrichtsprobe hatte sie Alfons´ Drängen nachgegeben und mit ihm geschlafen, obwohl sie im Kopf ganz woanders gewesen war. Kurz bevor Alfons zum Orgasmus kam, war ihr eine fabelhafte Idee für einen Unterrichtseinstieg für diese letzte, wichtigste Lehrprobe gekommen. Sie stieß Alfons von sich, um sich schnell eine Notiz zu machen. Alfons kleckerte sein Ejakulat über das Bettlaken. Sie hatte sich tausendmal bei ihm entschuldigt, aber kurz darauf hatte er ihr eröffnet, dass es aus sei. Sie wäre nur in ihren eigenen Gedanken und würde ihn manchmal gar nicht wahrnehmen. Er würde das nicht mehr ertragen.

Außer kurzen Flirts war danach nichts von Bedeutung mehr in ihrem Liebesleben passiert und sie hatte sich immer mehr auf ihre Profession versteift.

„Frau Pagelsdorff?“, muss Carl-Michael sie aus ihren Gedanken reißen.

„Warum haben Sie uns nicht rechtzeitig über den Leistungsabfall von Caspar informiert? Auf dieses Zeugnis“, Carl-Michael knallt ihr Caspars Zeugnis auf den Tisch, „waren wir nicht vorbereitet!“

„In Mathematik habe ich Caspar doch trotz der zwei Fünfen und der Drei noch ein Ausreichend gegeben. Und das entspricht auch seinem Leistungsvermögen. Im Unterricht arbeitet er angemessen mit. Deshalb kann ich hier keine Schuld bei mir erkennen.“

Carl-Michael grätscht ihr ins Wort: „Ich spreche ja gar nicht von Ihrer persönlichen Schuld, die sich allerdings tatsächlich aus Ihrer Pflicht zur individuellen Förderung, die in §1 des Schulgesetzes und damit an prädestinierter Stelle beschrieben ist, ableiten ließe. Laut §44 obliegt Ihnen auch die Pflicht zur Information der Eltern, die sehe ich hier sträflich vernachlässigt.“ Und wenn ein Rechtsanwalt wie Carl-Michael das Wort ‚sträflich‘ ausspricht, dann sieht man sich gleichsam vor einem Richter Rechenschaft ablegen.

Zunächst unbeeindruckt fährt Paula mit ihrer Rechtfertigung für die miserablen Noten fort: „In Deutsch und Englisch stehen jeweils Fünfen auf dem Zeugnis und so wie die Kollegen es schildern, gab es daran auch nichts zu rütteln. In beiden Fächern hat er je eine Fünf und eine Sechs geschrieben. Und jeweils bei der dritten Klausur hat er mit ärztlichem Attest gefehlt. Das haben die Kollegen in der Zeugniskonferenz so dargelegt.“

„Aber Sie hätten uns längst informieren müssen. Das wäre auch laut Allgemeiner Dienstordnung §9 Ihre vornehmste Pflicht gewesen. Warum haben Sie das versäumt! Ist nicht für jedes Halbjahr ein Elternsprechtag verpflichtend, und zwar, bevor das Kind in den Brunnen gefallen ist?“

Paula ist verunsichert, denn sie weiß natürlich nicht auswendig, was in all den zitierten Paragraphen im Einzelnen steht.

„Aber Herr Meyer, das Kind ist ja noch nicht in den Brunnen gefallen. Bis zur Versetzung ist ja noch ein Schulhalbjahr Zeit. Da können wir noch einiges unternehmen. Ich werde Caspar unterstützen, wo ich nur kann, das verspreche ich. Und das werden auch die Kollegen Saum und Seelig bestimmt genauso tun.

Und ja, das mit dem Elternsprechtag stimmt. Der hat auch regulär letztes Jahr kurz nach den Herbstferien am“, sie schaut in ihren Unterlagen nach, „am 31.10. stattgefunden und die schriftliche Einladung ist Ihnen doch auch zugegangen!“

Carl-Michael schaut Jennifer an, die schüttelt den Kopf.

„Offensichtlich ist Ihre Einladung nicht angekommen!“ gibt Carl-Michael mit erhobenem Haupt und runtergezogenen Mundwinkeln zu Protokoll.

Paula kramt umständlich ein Blatt mit dem Schriftkopf des LEG aus ihren Unterlagen hervor:

„Aber Sie, Frau Meyer, haben hier doch unterschrieben, dass Sie die Einladung zur Kenntnis genommen haben."

„Nein, das kann nicht sein, das wüsste ich doch!", antwortet Jennifer entrüstet.

Gut, dass Paula auf Geheiß von Schulleiter Schnalt jedes kleinste Schriftstück auf Jahre hinaus aufhebt. Kevin Schnalt weist in nahezu jeder Konferenz darauf hin, wie überaus wichtig die Dokumentation ist, um sich gegenüber Eltern und der vorgesetzten Bezirksregierung abzusichern.

„Aber das ist doch Ihre Unterschrift hier…", gewinnt Paula langsam Oberwasser.

„Aber das sieht doch ein Blinder mit einem Krückstock, dass die gefälscht ist", mischt sich nun Carl-Michael ein. „Hier, Jenny, schreib mal deine Unterschrift auf dieses Blatt." Er sieht die Schuld weiterhin bei Frau Pagelsdorff.

Leider muss nun aber auch Carl-Michael feststellen, dass sein Sohn scheinbar ein begnadeter Unterschriftenfälscher ist. Lediglich der Schwung beim großen J und dem y in Meyer fällt ein wenig unrund aus, aber ohne direkten Vergleich wäre Carl-Michael sicher auch reingefallen.

Nichtsdestotrotz mault er Frau Pagelsdorff an: „Das hätten Sie doch erkennen müssen, dass die Unterschrift nicht echt ist. Sie hätten uns rechtzeitig informieren müssen, dann hätten wir frühzeitig eingreifen können", regt er sich weiter auf.

„Aber ich bitte Sie, da hätte ich ja einen Graphologen zu Rate ziehen müssen. Auf den ersten Blick jedenfalls sehen sich die Unterschrift Ihrer Frau und diese hier sehr, sehr ähnlich“, gewinnt Paula weiter an Selbstsicherheit. Jennifer muss Frau Pagelsdorff mit einem leichten Nicken zustimmen, aber Michael gibt sich noch nicht geschlagen:

„Auf den ersten Blick“, äfft Carl-Michael sie nach, „dann hätten sie besser mal einen zweiten Blick investiert.“

Ohne auf seinen Kommentar einzugehen, wird Paula mit einem Mal klar: „Dann haben Sie womöglich auch gar nichts von den schlechten Klausurnoten gewusst?“

Sie fischt Caspars Klassenarbeitsheft aus einem Stapel hervor.

„Schauen Sie, auch die waren ordnungsgemäß von Ihnen unterschrieben und damit zur Kenntnis genommen. So hat es jedenfalls für mich aussehen müssen.“

Langsam wird Carl-Michael kleinlaut. „Gut, dass Caspar wenigstens nicht auch noch das Zeugnis mit der falschen Unterschrift versehen hat. Das läuft hier gerade alles in Richtung Urkundenfälschung“, denkt er bei sich.

„Ich habe tatsächlich nur die Drei damals von ihm vorgelegt bekommen. Und da hat er mir versichert, dass nur die Klassenarbeiten, die schlechter als vier sind, von den Eltern unterschrieben werden müssen. Das war für mich glaubhaft“, gibt Jennifer zu Protokoll.

„Aber was machen wir denn jetzt?“ fragt Carl-Michael kleinlaut und gleichzeitig verzweifelt, aber auch als Aufforderung an Paula Pagelsdorff gemeint.

„Nun, wie gesagt, es ist ja noch ein halbes Schuljahr bis zur Versetzung. Zunächst einmal muss sich

Caspars Gesundheit stabilisieren. Und wenn er erst wieder weniger fehlt, weist er auch nicht so viele Lücken im Lernstoff auf und dann ...“

„Caspars Gesundheit? Das wird ja immer schöner. Was soll das denn jetzt schon wieder heißen?“, braust Carl-Michael erneut auf. Auch Jennifer zuckt mit den Schultern, als sie den Blick ihres Mannes spürt.

„Schauen Sie hier, auf Caspars Zeugnis sind 98 Fehlstunden eingetragen, alle von Ihnen, Frau Meyer, entschuldigt“, weist Paula mit dem Finger auf eine Zahl im Kopf des Zeugnisformulars. Jetzt nestelt sie wieder in einer Schublade ihres Pults und nach kurzer Zeit legt sie maschinengeschriebene A5-Zettel auf den Tisch:

„Alles Ihre Entschuldigungen, so habe ich es jedenfalls bis gerade gesehen. Aber offensichtlich sind auch die nicht von Ihnen unterschrieben, wenn ich Ihren Gesichtsausdruck richtig deute?“

„Sag jetzt nichts, Jenny“, weist Carl-Michael seine Frau an. Aber die ist schon im Rechtfertigungsmodus:

„Nein, ich weiß von keinen gravierenden Fehlzeiten. Gut, zweimal ist Caspar morgens nicht rechtzeitig aus dem Bett gekommen und ich habe ihn mit dem Auto zur Schule bringen müssen, aber das ist alles, an das ich mich erinnere.“

„Nein, nein, es haben sich im ersten Halbjahr 98 Fehlstunden aufsummiert, so wie es hier steht. Alle waren ordnungsgemäß entschuldigt. Aber scheinbar hat sich Caspar auch hier als Unterschriftenfälscher betätigt“, sagt sie nun genüsslich an Carl-Michael gewandt. Jetzt hält sie den Kopf hoch.

„Na, na!“ rügt Carl-Michael die Ausdrucksweise der Lehrerin.

„Gut, mir liegt wie Ihnen viel daran, dass Caspar weiterkommt. Er fühlt sich wohl in der Klassengemeinschaft und ist anerkannt. Neben allem anderen Ungemach wäre es für alle auch sehr schade, wenn er zu Beginn der 9 nicht an der Klassenfahrt teilnehmen könnte.

Ich für meinen Teil werde ihn unterstützen, wo ich nur kann. Und wir, Frau Meyer, sollten vielleicht einmal pro Monat miteinander telefonieren, damit Caspar sich nicht noch einmal zwischen uns durchmogeln kann.“

„Wie sieht es denn mit den Hausaufgaben aus? Meine Frau sagt, dass er nachmittags viel Zeit mit dem Lernen in seinem Zimmer zugebracht hat“, hofft Carl-Michael noch etwas zu finden, das Caspar auf der Habenseite verbuchen kann.

„Nun, auch diesbezüglich muss ich Sie enttäuschen. Caspar hatte von mir zweimal die Mitteilung, dass er seine Hausaufgaben nicht im erforderlichen Maße angefertigt hat, mitbekommen. Und auch diese Mitteilungen habe ich mit Ihrer, na ja, vermutlich war auch das wieder seine Kenntnisnahme-Unterschrift, von ihm zurückbekommen.“ Gut, dass Paula jeden noch so belanglosen Rückmeldeschnipsel aufbewahrt.

„Bitte, Frau Meyer, gucken Sie Ihrem Caspar zu Hause bei der Erledigung seiner Aufgaben mehr über die Schulter, das ist sehr wichtig.“

„Aber wie soll ich ihm denn bloß helfen? In Mathematik war ich selbst in der Schule nicht sonderlich gut. Ich würde ihn sicher nur verunsichern, wenn ich mit meinem Halbwissen versuche, ihm den Satz des Pythagoras zu erklären."

„Nein, das sollen Sie weder in Mathematik noch in einem anderen Fach leisten, aber Sie können kontrollieren, ob er seine Aufgaben angemessen erledigt hat. Sie können ihn ermuntern, sich bei Freunden oder auch bei mir Hilfe zu holen, wenn er mit den Hausaufgaben nicht weiterkommt. Wir haben doch die Klassengruppe bei WhatsApp, das wissen Sie doch sicher?"

„Nein, davon weiß ich nichts, aber danke für den Hinweis. Überhaupt vielen Dank für Ihre Unterstützung, Frau Pagelsdorff. Hoffentlich kriegen wir das im zweiten Halbjahr alles noch umgebogen …", steht Jennifer nun unvermittelt auf, um sich mit ausgestreckter Hand zu verabschieden.

Paula Pagelsdorff drückt ihre Hand herzlich mit beiden Händen: „Alles Gute für Sie und natürlich für Caspar."

„Tschüss", raunzt Carl-Michael beim Rausgehen, während Jennifer sich noch einmal zu der Pädagogin umdreht und sie freundlich anlächelt: „Und vielen Dank für Ihre Zeit."

Im Treppenhaus muss Carl-Michael seinem Ärger Luft machen: „Das hast du nun von deinem ‚Vertrauen ist das Wichtigste'!"

Es wird eine schweigsame Fahrt nach Hause. Kurz vor sieben kommen sie an.

Carl-Michael hat kaum seine Hausschuhe an, da ist er schon auf dem Weg zu Caspars Zimmer. Der Junge sitzt vor seinem PC mit dem Headset auf dem Kopf.

Carl-Michael zieht den Stecker und der Bildschirm wird schwarz.

„Hey, was soll das?! Ich muss für die Schule …“, ereifert sich Caspar.

„Lüg mich nicht an. Wir haben mit deiner Lehrerin gesprochen. Wir wissen alles!“ Mittlerweile ist auch Jennifer in Caspars Zimmer angekommen.

„Ja, gut, das war echt doof von mir, dass ich mit Dean und den anderen den Schulhof verlassen habe, um eine zu rauchen, aber … das tun doch alle“, will Caspar ergänzen, kommt aber nicht mehr dazu.

„Das auch noch! Ich glaube, es schlägt 13! Erst erfahren wir am Freitag, dass deine Versetzung wieder mal gefährdet ist. Dann erfahren wir gerade, dass du ein Urkundenfälscher bist und jetzt das noch!“, brüllt Carl-Michael seinen Sohn an.

„Ach, das meint ihr“, ist Caspar ganz kleinlaut. Und schnell schiebt er nach: „Ich wollte euch die Aufregung vom Hals halten. Ich habe ja gedacht, ich bekomm´ das alleine geregelt.“

„Alleine geregelt?! Du bist fünfzehn und deine Eltern sind für dich verantwortlich! Wie stehen wir denn jetzt da vor deiner Klassenlehrerin und vor deinem Schulleiter? Und dann weiß es auch bald mein Kompagnon, der Vater eures Schulleiters. Das ist eine unendliche Schmach für mich. Aber darüber denkst du ja überhaupt kein bisschen nach. Pffft, allein geregelt!“, pfeift ihn Carl-Michael an.

„Ach, darum geht es! Es geht gar nicht um mich“, bemerkt jetzt Caspar.

„Auch noch frech werden …“, und Carl-Michael droht, als wenn er Caspar ohrfeigen will. Jetzt muss

Jennifer eingreifen und hängt sich an Carl-Michaels Arm.

„Komm, lass es für heute gut sein“, versucht sie ihn zu beschwichtigen und zerrt an ihm, um ihn aus dem Zimmer zu bugsieren, bevor ihm noch die Hand ausrutscht und die Sache noch schlimmer wird.

Ist Schule wirklich so wichtig, dass es in Familien zu solchen Streitereien kommen muss? Ihr Vater hatte immer gesagt, wenn es in der Schule bei ihr mal wieder nicht so gut lief:

„Das ist nicht so schlimm, meine Süße. Du bist ein hübsches Mädchen und das ist viel wichtiger und das kann man mit noch so viel Anstrengung nicht lernen!“

Caspar ist auch ein gutaussehender junger Mann. Vielleicht reicht das ja ebenfalls für sein Leben, macht sich Jennifer Mut.

Donnerstag, 14. Februar

Informationsabend der Sekundarschule

Den Tag der offenen Tür an der Nelson-Mandela-Sekundarschule der Stadt Wermelsburg im letzten Jahr hatten sich die Meyers geschenkt. Sie waren wie selbstverständlich davon ausgegangen, dass Melinda die gewünschte Gymnasialempfehlung bekommen würde. Nun, das Gymnasium kennen die beiden Eltern ja, weil Caspar dort zur Schule geht. Also hatten sie auch den Tag der offenen Tür dort geschwänzt.

Jetzt ist alles anders gekommen. Also ist es gut zu wissen, was die einzige Gymnasial-Schulalternative der Stadt zu bieten hat. Deswegen sitzen Jennifer und Carl-Michael Meyer heute Abend hier beim Informationsabend an der Sekundarschule. Sie haben sich einen Platz ganz weit hinten gesucht, weil es ihnen ein wenig peinlich ist hier zu sein, heißt das doch auch, dass sie diese Schule für ihre Melinda überhaupt in Betracht ziehen.

Diethelm Otto ist der Leiter der Schule und er begrüßt die anwesenden Eltern, die teilweise ihre Zöglinge mitgebracht haben, herzlich:

„Guten Abend, sehr verehrte Eltern und liebe zukünftige Schülerinnen und Schüler“, gendert er korrekt, wie es sich für einen Sekundarschuldirektor gehört.

„Mit der Wahl für unsere Schule haben Sie die beste Entscheidung für Ihr Kind getroffen, liebe Eltern“, tut er so, als wenn alle Anwesenden den Aufnahmeantrag für seine Schule schon unterschrieben hätten.

„Natürlich habt auch ihr, liebe Kinder, die richtige Wahl für die Fortsetzung eurer Schullaufbahn selbst getroffen“, schiebt er schnell nach. Es ist ja wichtig für die Motivation, dass die Kinder die Schulwahl selbst treffen und nicht die Eltern für sie, weiß er als erfahrener Pädagoge und Schulleiter.

Diethelm Otto, 58, war früher Leiter der örtlichen Hauptschule gewesen. Nachdem der Bestandsschutz der Hauptschulen 2011 im Rahmen des sogenannten Schulkonsens´ aus der nordrhein-westfälischen Landesverfassung getilgt worden war und der Elternwille bei der Schulformwahl wichtiger wurde als die pädagogische Empfehlung der Grundschullehrer, waren die Hauptschulen in Kommunen der Größe Wermelsburgs schnell von Regel- zu Restschulen verkommen. Niemand wollte sein Kind mehr freiwillig an einer Hauptschule anmelden. Den Schulpolitikern der damaligen rot-grünen Landesregierung war das sehr recht gewesen, hatten sie doch ihr Konzept einer Gesamtschule light, wie die Sekundarschule auch manchmal tituliert wird, durchsetzen wollen, wenn schon nicht überall im Land Gesamtschulen möglich waren.

Diethelm Otto selbst hatte mit am Stuhl der Hauptschule in Wermelsburg gesägt. Er hatte sich damals sogar als Schulleiter in der Bergischen Landeszeitung gegen das Weiterbestehen seiner damaligen Schule ausgesprochen. In seiner Funktion als SPD-Politiker und Mitglied des Stadtrats hätte er das machen dürfen, als Landesbeamter jedoch war er zu politischer

Neutralität verpflichtet und hatte daher klar gegen das Dienstrecht verstoßen. Doch da es der Landesregierung zupass kam, war er natürlich nicht diszipliniert worden.

Außerdem war damals auch relativ klar gewesen, dass man Otto mangels Alternativen die Leitung der neuen Sekundarschule antragen würde und gegen die damit verbundene höhere Besoldungsstufe hatte Diethelm sich natürlich nicht gewehrt.

Jetzt stand er im siebten Jahr hier in der Aula seiner nun nicht mehr ganz so neuen Schule und versuchte, möglichst viele kommende Fünftklässler für seine Schule zu gewinnen.

„Am Tag der offenen Tür haben Sie, habt ihr ja schon Gelegenheit gehabt, unsere Schule von innen kennenzulernen. Ich hoffe, ihr Lernenden habt euch wohlgefühlt.

Mit dieser PowerPoint will ich Ihnen und euch noch einmal komprimiert die Vorteile unserer Nelson-Mandela-Schule aufzeigen."

Folie für Folie präsentiert er die Vorzüge der neuen Schulform und seiner Schule im Speziellen. Er preist die individuelle Förderung, die aufgrund des Konzepts der Differenzierungsräume, die jedem Klassenraum angegliedert sind, möglich sei. Er verschweigt, dass die Lehrerausstattung der Schule aber so schlecht ist, dass die Differenzierungs- zu Disziplinierungsräumen verkommen sind. Sie werden hauptsächlich genutzt, um Schüler, die den Unterricht stören, ruhigzustellen. Früher mussten solch ‚unartige' Schüler in der Ecke stehen.

Er lobt das Inklusionskonzept seiner Schule: 24% aller Schüler hätten einen festgestellten sonderpädagogischen Förderbedarf, als wenn das per se etwas Gutes sei.

Er verheimlicht auch hier, dass die minimal nötige Anzahl an Förderschullehrern nicht vorhanden ist und daher die vielen Konflikte, die zwangsweise beim Unterricht von Schülern mit so unterschiedlichen Lernvoraussetzungen auftreten, nicht aufgearbeitet, geschweige denn gelöst werden können. Wenn Diethelm ehrlich zu sich ist, dann sind die Ressentiments der Schüler ohne Förderbedarf, der ‚normalen' Kinder also, gegenüber denen mit Förderbedarf durch die schlechte Inklusion sogar noch gestiegen. Der Schuss der Landesregierung ist nach hinten losgegangen.

Ähnliches gilt auch für die Integration: 63% aller Schüler, so seine Statistik, weisen einen Migrationshintergrund auf. Und dass das Integrationskonzept der Schule aufgehe, sei durch die Auszeichnung „Schule ohne Rassismus" belegt.

Er verschweigt, dass es sich dabei keinesfalls um eine Auszeichnung handelt, sondern dass jede Schule dieses Logo führen darf, wenn sie sich eine entsprechende Selbstverpflichtung auferlegt und dem Netzwerk beitritt. Eine Überprüfung der Einhaltung irgendwelcher Vorgaben findet nicht statt. Und die vielen Gangs, die sich auf dem Schulhof gegenseitig mobben und sich auf dem Schulweg prügeln, sprechen leider eine andere Sprache. Schon lange hat sein Kollegium den Kampf gegen Mobbing und Gewalt aufgegeben und schaut lieber weg.

Diethelm Otto muss sich eingestehen, dass es sich nach den Jahren des Aufbaus und Neubeginns wieder so anfühlt wie damals, als er noch Hauptschulleiter war. Die Sekundarschule ist zur neuen Restschule verkommen mit all den Problemen, die das mit sich bringt, und die mit den von der Politik zugestandenen Ressourcen nicht zu bewältigen sind. Aber das sagt er natürlich nicht öffentlich. Tapfer preist er seine Schule Folie für Folie weiter an.

Hoffentlich kann er dieses Jahr, in dem sehr viele Schüler aus den örtlichen Grundschulen abgehen, den Trend der letzten Jahre umkehren. In den letzten Jahren waren jeweils fast 80% der Übergänger aus den Grundschulen zum örtlichen Gymnasium gewechselt oder in den Realschulen der Nachbargemeinden angemeldet worden. Mit den restlichen Schülern hatte er gerade einmal zwei Klassen bilden können. Und das örtliche Schulamt hatte in den letzten beiden Jahren Sondergenehmigungen zum Fortbestand der Schule bei der zuständigen Bezirksregierung beantragen müssen.

Nun stellt Diethelm noch einmal heraus, dass es kein ‚Sitzenbleiben‘ an seiner Schule gibt. Er weiß, dass er mit diesem Argument die leistungsorientierte Elternschaft teilweise verschreckt. Aber die meldet ihre Kinder sowieso am Gymnasium an.

Jennifer flüstert ihrem Mann zu: „Das ist, glaube ich, nicht schlecht für Melinda. Sie ist so ein fröhliches Kind und ich befürchte, mit zu viel Druck wie am Gymnasium kommt sie nicht zurecht.“

Carl-Michael reagiert mit einem „Psst“, weil er den Argumenten Ottos weiter folgen will.

Jetzt ist Diethelm in seinem Vortrag bei den gymnasialen Standards und der Kooperation mit dem LEG angekommen. Die Schüler an Sekundarschulen, so die Theorie, sollen mit entsprechender Förderung nach dem erfolgreichen Abschluss der 10. Klasse direkt in die Oberstufe des Gymnasiums übergehen können und die Kooperation mit dem Gymnasium besagt, dass das LEG dafür ausreichend Oberstufenplätze vorhält.

Wieder behält Diethelm für sich, dass das im letzten Jahr gerade einmal sieben Schüler des ersten Abschlussjahrgangs seiner Schule geschafft haben. Und dieser Jahrgang war mit mehr als 130 Schülern noch recht gut besetzt gewesen. Dieses Jahr würden es nach seiner Einschätzung noch weniger Schüler schaffen, die erforderliche Qualifikation zum Besuch der gymnasialen Oberstufe zu erlangen. Irgendwas läuft falsch an seiner Schule, aber was? Sind es wirklich nur die fehlenden Ressourcen?

Diethelm ruft sich zur Raison. Um weiterhin überzeugend auf Eltern und Schüler zu wirken und seine Schule gut zu verkaufen, muss er diese Gedanken schnell wieder loswerden.

„Außerdem ist die Nelson-Mandela-Sekundarschule eine Ganztagsschule."

Dies ist das wichtigste Pfund, mit dem Diethelm wuchern und seine Schule gegen das Gymnasium positionieren kann. In vielen Familien sind beide Elternteile berufstätig und für diese ist die Ganztagsbetreuung das wichtigste Argument. Schließlich kann man heute das Leben mit dem Wunsch nach einem großen Haus in adäquater Lage, zwei teuren Autos und drei Flugurlauben im Jahr nicht mehr finanzieren, wenn nicht beide Elternteile ganztägig einem gut bezahlten Beruf nachgehen. Und politischer Wille ist es darüber hinaus. Wie sonst sollte das Bruttosozialprodukt gemehrt werden?

Ganztagsbeschulung bedeutet auch, dass die meisten Hausaufgaben entfallen und Eltern ihre Kinder nicht ständig kontrollieren müssen. „Nur Vokabellernen bleibt noch für zu Hause übrig“, schließt Diethelm seinen Vortrag und gibt dem Auditorium jetzt Gelegenheit nachzufragen.

Ein Vater aus der ersten Reihe meldet sich direkt zu Wort:

„Herr Otto, Ihre Konzepte in allen Ehren, aber was ich von Eltern höre, deren Kinder hier zur Schule gehen, da geht ja vieles von dem, was Sie uns gerade so positiv dargestellt haben, nicht auf.“

„Was meinen Sie? Können Sie mir ein konkretes Beispiel nennen?“

„Ja, Sie sprechen von einem funktionierenden Integrationskonzept. Leider berichten mir Bekannte, dass wöchentlich die Polizei hier zu Gast ist, weil es Diebstähle und Messerstechereien unter den Schülern gibt.“

„Das ist natürlich nicht wahr. Aber ich muss bestätigen, dass die Polizei schon mal kommen musste. Nicht jede Situation lässt sich pädagogisch entschärfen, obwohl das natürlich unser Ansatz ist. In Ausnahmefällen ist es aber sinnvoll, Konflikte mit Hilfe der Polizei weiterzuverfolgen. Oder wäre es Ihnen lieber, wir würden die Dinge auf sich beruhen lassen?“

„Gut", brummelt der Mann aus der ersten Reihe, „aber ob man dann von erfolgreichen pädagogischen Konzepten sprechen kann?"

Mit gegenseitigem Kopfnicken signalisieren Frager und Befragter, dass es mit weiteren Wortmeldungen weitergehen soll.

„Ja, bitte, die Dame dort rechts."

„Generell scheint die Sekundarschule nicht so gut anzukommen, wie man politisch gehofft hatte. Immer weniger Schüler werden hier angemeldet. Also kann ja nicht alles gut sein."

„Auch das ist wieder sehr allgemein formuliert. Ich glaube, dass wir hier eine sehr gute Arbeit leisten und ich habe mich gerade in meiner PowerPoint bemüht, das im Detail zu erörtern. Wir dürfen aber nicht verkennen, dass es gesellschaftlich eine Tendenz zu höheren Schulabschlüssen gibt, die, wie bereits erläutert, an unserer Schule genauso erreichbar sind wie am Gymnasium. Alles andere beruht auf einem Vorurteil, das sich offensichtlich auch mit den besten Argumenten nicht aus der Welt schaffen lässt."

Ein weiterer Vater mischt sich ein:

„Aber vor lauter Inklusion, Integration und individueller Förderung kommen ihre Kollegen doch gar nicht mehr zum Unterrichten. Ich finde es ja gut, dass sie so viele gute Ansätze verfolgen, deswegen sitze ich ja als Vater mit meinem Kind auch hier. Aber muss das eine Schule nicht komplett überfordern? Und bleibt die Bildung da nicht auf der Strecke?"

„Die Frage, die eigentlich hinter Ihrem Einwurf steht, Herr Gärtner", offensichtlich kennt Herr Otto den Vater, „ist die nach den Prioritäten. Die Frage lautet eigentlich: In was für einer Gesellschaft wollen wir leben? Wollen wir weiterhin in einer Ellenbogengesellschaft leben oder wollen wir einen Wandel zu mehr Offenheit, Vielfalt und gegenseitigem Verständnis? Für das Letztere stehe ich mit meinem Kollegium."

„Aber Sie betonen ja parallel dazu den Leistungsgedanken und vergleichen sich mit dem Gymnasium", gibt der Angesprochene keine Ruhe.

„Meine Frage lautet, kann man beides gleichermaßen gewährleisten?"

„Letztendlich, und da haben Sie recht, ist das eine Frage der Ressourcen, die nirgendwo unendlich sind, leider auch nicht an unserer Schule. Ich habe mich bemüht und werde mich weiter bemühen, zum Beispiel durch viele Kooperationen mit den Wermelsburger Vereinen oder Firmen, durch die Einstellung von sogenannten multiprofessionellen Team-Mitarbeitern usw. möglichst viele Ressourcen zu erschließen.

Aber wenn Sie mich jetzt weiter in die Enge treiben, dann will ich hier bekennen, dass eine sozial ausgeglichene Gesellschaft für mich höhere Priorität besitzt als die vorherrschende Leistungsgesellschaft.

Gut, wer mich kennt, weiß, dass ich für die SPD im Stadtrat sitze und deshalb dürfte diese Priorisierung nicht verwundern."

Herr Gärtner bedankt sich für die ausführliche und ehrliche Antwort.

Herr Otto bittet um weitere Fragen, aber sein Publikum scheint jetzt zufrieden zu sein. Zum Abschluss weist er auf die Anmeldetermine ab Montag, dem 18.

Februar, hin, bedankt sich für die Aufmerksamkeit, verabschiedet sich und schließt die Veranstaltung.

Langsam erheben sich die Zuhörer, einige bilden Grüppchen und sprechen miteinander. Andere wollen Diethelm Otto noch persönlich sprechen und warten geduldig, bis der Zeit für sie hat.

Jennifer und Carl-Michael haben genug gehört und machen sich auf die Rückfahrt.

„Ich finde das, was ich gehört habe, überzeugend“, beginnt Jennifer das Gespräch.

„Was hat dich denn überzeugt?“

„Na ja, wir haben ja bei Caspar gesehen, dass ich ihm relativ schnell schon nicht mehr bei den Schularbeiten helfen konnte. Das gymnasiale Niveau überfordert mich halt. Da darf ich mir auch nichts vormachen. Und wenn Melinda an einer Ganztagsschule ist, dann wird sie auch bei den Hausaufgaben wesentlich besser betreut, als ich es leisten könnte.“

Sie sieht Carl-Michael von der Seite an und registriert, dass er die Miene verzieht. Schnell schiebt sie nach, was sie schon während der Vortrags angemerkt hatte:

„Und dazu kommt, dass ich denke, dass Melinda dem Leistungsdruck am Gymnasium nicht so gut gewachsen ist. Ihre Unbeschwertheit und Fröhlichkeit würden schnell leiden.“

„Soll ich dir mal was sagen“, wirkt Michael reichlich ungehalten, „du bist den ganzen Tag zu Hause, du hast die Möglichkeit dich um die Kinder zu kümmern und das erwarte ich auch von dir. Und mit Kümmern ist ja nicht gemeint, dass du unbedingt das Fachliche drauf hast. Das ist, du hast Frau Pagelsdorff hoffentlich noch im Ohr, Sache der Schule. Deine Aufgabe ist nur zu kontrollieren, ob sie ihre Aufgaben auch erledigen. Das muss und kann ich dir abverlangen. Für alles andere sorge ja ich!“

Wer das Geld hat, bestimmt die Regeln. So war es immer und so wird es immer bleiben, und da macht auch Carl-Michael keine Ausnahme.

„Ich will mich nicht blamieren, indem ich meine Tochter zu so einer Hottentotten-Schule schicke. Wir melden sie am Gymnasium an, basta!“

Aha, denkt Jennifer, da haben wir es wieder, sein Ansehen ist ihm wichtiger. Es ist ihm scheißegal, ob die ganze Familie unter der Schule leiden muss.

Die restliche Fahrt und den ganzen Abend sprechen die beiden kein Wort mehr miteinander.

Mittwoch, 20. Februar

Probeunterricht am Gymnasium

Also ist es beschlossen: Melinda soll zum Gymnasium gehen. Wie jedes Jahr bietet das Gymnasium auch in diesem Jahr wieder einen Probeunterricht an. Zusammen mit den Grundschulklassenlehrern gehen die Viertklässler klassenweise zum Gymnasium. Heute ist die 4a der Grundschule ‚Am Mühlenacker' mit ihrer Lehrerin Dorothee Schmalenbach dran.

Die Klasse ist gestern dafür in drei Gruppen zu je acht bis neun Schülern eingeteilt worden. Freunde und Freundinnen sind möglichst zusammen in eine Gruppe gekommen, damit sich die Kleinen unter den ‚großen' Fünftklässlern des Gymnasiums nicht unsicher fühlen. Melinda kann also mit ihrer Freundin Romy Terodde den Probeunterricht besuchen. Ihre Gruppe geht nach der ersten großen Pause mit in den Unterricht der Klasse 5b des Gymnasiums.

In den ersten beiden Besuchsstunden steht Kunstunterricht auf dem Plan.

Die Lehrerin, Frau Lüdenbach, stellt sich den Gästen vor und erklärt den Kindern, was heute in der Doppelstunde auf dem Programm steht. Sie hatte ihrer Klasse in der letzten Stunde etwas über Farben und Farbmischung erzählt. Heute sollen die Kinder ein Gespür dafür bekommen, welche Farbmischungen mit dem Farbkasten, der ja nur 12 Farben und dazu Deckweiß enthält, erzeugt werden können. Dazu hat Frau Lüdenbach Vorlagen kopiert, die Kästchen zeigen, neben denen die Mischungsverhältnisse für bestimmte Farben stehen. Die Kinder bekommen alle kleine Schürzchen, einen Farbkasten, einen groben weichen Pinsel, einen Becher Wasser und eine Vorlage. Auch die Grundschüler dürfen mitmachen. Wer es noch nicht so ganz verstanden hat, wie er die Kästchen ausmalen soll, bekommt Hilfe von Frau Lüdenbach oder einer weiteren netten jungen Frau, die sich als Referendarin Katrin Möller vorstellt. Die Kinder, egal ob Grundschüler oder Gymnasiasten, haben viel Freude, weil viele unerwartete Ergebnisse beim Mischen der Farben entstehen. Es wird viel verglichen und herumgealbert. Alle sind bei der Sache. Die anderthalb Stunden vergehen wie im Flug. Und schon bedankt sich Frau Lüdenbach, dass alle so gut mitgearbeitet haben. Das Aufräumen übernehmen ein paar Gymnasiasten.

In der zweiten großen Pause treffen sich alle Schüler aus Melindas Klasse in der Pausenhalle, während die Gymnasiasten raus auf die Pausenhöfe strömen.

In der Pausenhalle bekommen alle einen kleinen Snack bestehend aus einem belegten Brötchen, einer Tüte Milch und einem Joghurt.

Der Schulleiter Herr Schnalt wendet sich an die Grundschüler:

„Ich begrüße euch hier ganz herzlich am LEG, am Ludwig-Erhard-Gymnasium. Mein Name ist Kevin Schnalt und ich bin hier der Schulleiter, sowie es Frau Schmalenbach an eurer Schule ist.

Ich hoffe, eure ersten beiden Unterrichtsstunden an unserer Schule haben euch Freude gemacht?“

„Jaaaaaa“, grölt der Chor der Grundschulkinder.

„So viel Spaß haben wir immer hier an unserer Schule und es wäre natürlich schön, wenn ihr den Spaß ab dem nächsten Schuljahr mit uns teilt. Ich jedenfalls würde mich freuen, möglichst viele von euch im nächsten Schuljahr bei uns zu haben.

Wenn es von eurer Seite Fragen an mich gibt, gerne?“

Ein etwas dicklicher Junge meldet sich:

„Du, Herr Schnalt, bekommen alle Schüler in jeder Pause ein Brötchen und eine Milch?“

Herr Schnalt ist kurz verwirrt: Warum duzt der Schüler ihn? Er schaut seine Kollegin, Frau Schmalenbach an. Die lächelt ihn an und zuckt mit den Schultern.

„Junger Mann, es heißt: „Sie, Herr Schnalt“. Aber zu deiner Frage: Ja und nein“, antwortet der Schulleiter, „heute haben wir euch die Brötchen, die Milch und den Joghurt spendiert, weil ihr heute unsere Gäste seid. Wenn ihr hier zur Schule geht, dann könnt ihr euch aber in jeder Pause belegte Brötchen und anderes in unserem Kiosk kaufen. Wo der ist und was ihr sonst noch alles hier machen könnt, das werden euch eure Klassenlehrer und -lehrerinnen dann in eurer ersten Schulwoche zeigen.

Jetzt will ich euch aber mal essen lassen, sonst seid ihr nicht rechtzeitig zur nächsten Stunde fertig. Es hat mich gefreut, euch alle kennengelernt zu haben.“ Und schon ist Herr Schnalt verschwunden.

Nicht alle Schüler sind mit ihrem Snack fertig, als die Schulglocke zur nächsten Stunde läutet.

Romy, Melinda und die sechs anderen aus ihrer Gruppe werden nun von Miss Finsh zur Englischstunde der 5b abgeholt. Im Klassenraum haben die Schüler die Tische an die Wände geschoben und die Stühle zu Sitzreihen aneinandergestellt. In der ersten Reihe dürfen die Schüler aus der Grundschule sitzen. Dahinter nehmen die Gymnasiasten Platz.

Einige Schüler der 5b des Gymnasiums haben zusammen mit Miss Finsh, die sich als gebürtige Engländerin vorstellt, aber schon seit über 10 Jahren in Deutschland lebt, ein Theaterstück einstudiert, das sie jetzt Melindas und Romys Gruppe vorspielen wollen.

Melinda und Romy haben auch im Englischunterricht viel Spaß. Die Schauspieler sind wirklich witzig und das Englisch ist so einfach gehalten, dass die Grundschüler der Handlung in Ansätzen folgen können. Melinda und Romy stupsen sich gegenseitig an und müssen häufig giggeln.

Auch die Englischstunde ist im Nu vorbei und damit auch der Probeunterricht für die 4a von Frau Schmalenbach.

Frau Schmalenbach hatte angeboten, dass die Eltern ihre Kinder heute am Gymnasium abholen können und so wartet Jennifer mit ihrem ‚Panzer' auf dem großzügigen Parkplatz auf ihre Kleine. Als Melinda ihr Auto erblickt, verabschiedet sie sich schnell von Romy und den anderen, die mit Frau Schmalenbach zurück zur Schule gehen. Und schon kommt sie freudestrahlend auf Jennifer zugelaufen und überschlägt sich fast mit ihrem Bericht:

„Mama, Mama, das war toll. Wir durften richtig mitmachen im Unterricht wie die Großen. Und wir haben das fast genauso gut gekonnt wie die."

„Was habt ihr denn gemacht?“

„Erst waren wir im Kunstraum und haben mit dem Malkasten ganz viele Farben gemischt. Manchmal kamen da ganz seltsame Farben raus. Das hätte man nie gedacht, was da für komische Farben rauskamen. Das können wir ja zu Hause auch mal machen, dann wirst du aber staunen, Mama.“

„Du bist ja richtig aus dem Häuschen, mein Kind! Was habt ihr dann noch gemacht?“

„Dann war der Schulleiter da und hat uns begrüßt. Der macht auch einen sehr netten Eindruck. Wir waren alle eingeladen und es gab Brötchen und Milch und Joghurt.“

„Und, und“, verschluckt sich Melinda vor lauter Aufregung fast beim Sprechen, „und dann hatten wir noch Englisch, Mama. Und du glaubst es nicht, die Lehrerin, die Frau Fisch oder so, das ist übrigens eine richtige Engländerin, die hat uns gelobt, weil wir schon so viel verstanden haben, obwohl wir erst vier Jahre Englischunterricht hatten.“

Jennifer freut sich über die Lebhaftigkeit, mit der Melinda berichtet. Vielleicht ist die Entscheidung fürs Gymnasium doch nicht so verkehrt. Jedenfalls war das heute schon mal ein guter Einstieg für Melinda.

„Soll Romy auch zum Gymnasium gehen?“, will Jennifer noch wissen.

„Ja, sie soll auch zum Gymnasium. Mama, können wir vielleicht wieder in dieselbe Klasse kommen? Dann wäre ich nicht so alleine unter den vielen neuen Mitschülern.“

„Ich kann ja bei der Anmeldung fragen, ob das geht. Ja, das würde den Übergang zu deiner neuen Schule sicher einfacher machen."

Dann geht es nach Hause mit dem ‚Panzer'.

Dienstag, 12. März

Anmeldung am Gymnasium

Heute ist der Anmeldetermin, den Jennifer mit der Sekretärin des Gymnasiums telefonisch vereinbart hat. Wie von der Sekretärin verlangt, hat Jennifer Melindas Geburtsurkunde, den Meldezettel und das Halbjahreszeugnis der Grundschule eingepackt. Sie hätte es richtig gefunden, wenn Carl-Michael sich für diesen wichtigen Termin frei genommen hätte, aber es ging wohl aus terminlichen Gründen wieder mal nicht.

Nun sitzt sie im Flur vor dem Sekretariat und wartet, bis sie von der Sekretärin hereingebeten wird. Sie ist angespannt, denn sie ist sich nicht sicher, ob sie die Anmeldung gut über die Bühne bekommt. Andernfalls wird sie sich wieder das Geschimpfe ihres Mannes anhören müssen.

Falls das Gymnasium die Aufnahme von Melinda verweigert, muss Jennifer den Canossagang zu Diethelm Otto antreten und ihre Kleine an der Sekundarschule nachmelden. Laut Schulamt, mit dem sie vorher telefoniert hat, ist die Sekundarschule aber verpflichtet, ihre Tochter anzunehmen.

Frau Örlinghaus, so heißt die Sekretärin des Gymnasiums, streckt ihren Kopf durch die Tür und nickt Jennifer zu als Aufforderung, ihr ins Sekretariat zu folgen. Dort weist sie ihr einen Platz vor ihrem Schreibtisch an. Frau Örlinghaus ist eine hagere und großgewachsene Frau. Jennifer schätzt sie auf Ende

50. Sie wirkt mit ihrem altmodischen Faltenrock wie eine Gouvernante. Immer ist das Kinn nach oben gezogen, damit ja keiner auf die Idee kommt, einen ihrer Befehle anzuzweifeln oder gar zu widersprechen. „So stellt man sich einen Vorzimmerdrachen vor", denkt Jennifer. Frau Örlinghaus verunsichert sie durch ihre Art noch mehr.

Jennifer legt der Sekretärin alle mitgebrachten Unterlagen vor und die beginnt, das Anmeldeformular auszufüllen - ohne Worte.

Jennifer wird unangenehm warm und so knöpft sie ihren Mantel auf und nimmt ihr Halstuch ab. Frau Örlinghaus blickt hoch direkt in Jennys Dekolleté und rümpft die Nase.

„Ihre Mobilnummer, bitte", sagt die Sekretärin kurz angebunden.

„Moment, bitte", Jennifer kramt in ihrer Handtasche, um ihr Smartphone zu suchen.

„Ja, heute wissen die Menschen ihre Telefonnummern nicht mehr im Kopf. Ohne diese Dinger", sie deutet mit einer Kopfbewegung auf das Smartphone in Jennifers Hand, „geht rein gar nichts mehr. Demnächst geben die Menschen noch das Denken an ihre Handys ab."

Jennifer ist jetzt so nervös, dass sie ad hoc nicht weiß, in welchem Menü ihre eigene Nummer abgespeichert ist. Endlich hat sie sie gefunden und kann die gewünschte Ziffernfolge preisgeben.

Frau Örlinghaus füllt das Formular weiter aus. Jetzt müssen noch alle Unterlagen kopiert werden und endlich bekommt Jennifer die Originale wieder zurück.

„Falls“ - Pause - „Herr Schnalt der Aufnahme ihrer Tochter zustimmen sollte“, erklärt die Sekretärin wieder mit erhobenem Kinn, „dann müssen Sie diesen Meldezettel hier der Grundschule zurückgeben.“ Das klingt aber nicht sehr zuversichtlich, horcht Jennifer auf. Frau Örlinghaus weist sie an, auf einem der Stühle vor Herrn Schnalts Büro Platz zu nehmen. Das Wartenmüssen steigert Jennifers Nervosität weiter, als wenn es hier um eine Aufnahmeprüfung ginge.

Endlich öffnet sich die Tür und ein Ehepaar mit seinem Sohn verlässt das Direktorenzimmer. Jennifer schaut sich die Leute an, aber aus den Gesichtern kann sie weder Freude noch Niedergeschlagenheit ablesen.

Jetzt steht sie dem Direktor Kevin Schnalt, der tatsächlich einen halben Kopf kleiner ist als sie, gegenüber. Hätte sie besser nicht die Stiefeletten mit den hohen Absätzen angezogen? Aber seine freundliche Begrüßung nimmt ihr bereits einen Teil ihrer Anspannung. Schnalts zweiter Blick landet auf Jennifers Busen. Das gibt ihr Selbstsicherheit. Hier kann sie anscheinend mit ihrem Aussehen punkten und schnell fragt sie, ob sie ihren Mantel ablegen darf. Ganz Gentleman hilft ihr Schnalt aus dem Mantel. Er bittet sie, ihm gegenüber an seinem Konferenztisch Platz zu nehmen. Die Sekretärin reicht eine Kladde mit den vorbereiteten Unterlagen herein und legt sie, Kinn hochgezogen und ohne Worte, vor Herrn Schnalt auf den Tisch.

„Es freut mich, Sie endlich einmal persönlich kennenzulernen, Frau Meyer.

Zwar ist ihr Caspar schon seit einigen Jahren an unserer Schule, aber wir sind uns noch nicht über den Weg gelaufen, denn das hätte ich ganz bestimmt nicht vergessen“, grinst er sie anzüglich an. Offensichtlich sind es nicht nur die Meyers in der Kanzlei Schnalt & Meyer, die auf blond und vollbusig stehen, freut sich Jennifer.

„Mein Vater hat erwähnt, dass Sie zur Anmeldung Ihrer Tochter kommen würden. Dann wollen wir mal schauen.“

Er studiert die Unterlagen kurz:

„Bei Frau Schmalenbach scheint Ihre Melinda ja keinen besonderen Eindruck hinterlassen zu haben?!“

„Nein, ja“, stottert Jennifer herum, „Melinda ist zwar ein sehr fröhliches Kind, aber im Unterricht ist sie eher zurückhaltend. Ich glaube, dass sie einfach ein bisschen ernsthafter und selbstbewusster werden muss, dann wird sie so richtig durchstarten. Davon bin ich fest überzeugt“, gewinnt Jennifer an Selbstsicherheit. „Von Ihrem Probeunterricht am letzten Mittwoch hat sie mir vorgeschwärmt. Sie sei sehr gut mitgekommen bei dem englischen Theaterstück.“

Schnalt grinst wieder: „Ja, das freut mich zu hören“, entgegnet er wohl wissend, dass das Theaterstück sprachlich extra einfach angelegt war, so dass die Grundschüler ein Erfolgserlebnis haben.

Sein Blick bleibt wieder in ihrem Ausschnitt kleben.

„Wichtig, liebe Frau Meyer, ist Melindas Bereitschaft, hier bestehen zu wollen. Alles andere überlassen Sie mal getrost uns.

Auch wir sind als ‚Schule des Gemeinsamen Lernens' anerkannt und das bedeutet, dass wir für Schüler, denen das Lernen schwerer fällt, sehr gut gerüstet sind."

Das Konzept der ‚Schule des Gemeinsamen Lernens' in NRW ist ein Inklusionskonzept, das besagt, dass in jeder Stadt eine Regelschule aus jeder Schulform auch Schüler mit sonderpädagogischem Förderbedarf, deren Eltern es wünschen, aufnehmen muss. Dafür erhält diese Schule eine bessere Ausstattung u.a. mit Sonderpädagogen. Aber Kevin Schnalt hat natürlich recht, dass eine solche Schule insgesamt über bessere Personalressourcen verfügen sollte, die auch den Regelschülern zugute kommen.

„Unser Förderkonzept basiert sehr stark auf den individuellen Wegen eines jeden Kindes, unsere Welt zu begreifen. Ich kann Ihnen versichern, dass wir das sehr gut hinbekommen und deshalb ist Ihre Melinda trotz der Grundschulempfehlung bei uns genau richtig."

„Na, na, da nimmt er den Mund aber reichlich voll. Bei Caspar funktioniert euer Konzept nicht so blendend", denkt Jennifer. Sie wird mutiger und fragt:

„Ein Problem, das wir mit Caspar haben, sind ja die Hausaufgaben. Und das könnte auch ein Problem mit Melinda werden. Wie können Sie Melinda dabei unterstützen?"

Er spricht weiter in ihr Dekolleté: „Gut, dass Sie das Thema ansprechen. Ich wünsche mir, dass das LEG zu einer Ganztagsschule wird, um die Schüler bei den Hausaufgaben besser zu unterstützen und auch Sie als Eltern zu entlasten. Dazu brauche ich aber Unterstützung, auch oder gerade Unterstützung von Elternseite, Frau Meyer", richtet er jetzt seinen Kopf auf und schaut ihr tatsächlich zur Abwechslung in die Augen.

„Wir können ja einen Deal machen. Ich nehme Ihre Tochter hier ohne Wenn und Aber an unserer Schule auf und Sie versprechen mir, dass Sie sich bei der ersten Klassenpflegschaft zur Pflegschaftsvorsitzenden aufstellen lassen und sich in der Schulpflegschaft dann positiv zur Ganztagsschule aussprechen, okay? Das ist doch in unser beider Interesse."

„Daran soll es nicht scheitern. Sie müssten mir dann noch genau sagen, wie ich oder gegebenenfalls mein Mann Sie unterstützen sollen."

„Gut, dann unterschreibe ich den Aufnahmeantrag", gesagt, getan, und weist mit dem Finger auf das Formular, „und Sie müssen bitte hier unter unterschreiben."

Kevin Schnalt erklärt noch, dass die Aufnahme erst noch schriftlich bestätigt werden müsse, das sei aber im Grunde eine Formalität.

„Eine Bitte noch, Herr Schnalt: Melindas Freundin Romy Terodde soll auch hier angemeldet werden. Vielleicht ist Frau Terodde auch schon bei Ihnen gewesen? Wäre es möglich, dass die beiden Mädchen in dieselbe Klasse kommen?"

„Ich glaube, das kriegen wir hin. Ich mache hier eine kurze Notiz auf dem Anmeldeformular, dann sollte das klappen." entgegnet Kevin Schnalt in zugewandtem Ton.

Dann verabschieden sich beide freundlich, Schnalt wieder mit dem Blick auf ihrem Busen. Okay, soll der Herr Direktor sich ruhig sattsehen.

Auf dem Weg durch das Sekretariat geht jetzt sie mit erhobenem Kinn an Frau Örlinghaus vorbei und verabschiedet sich mit einem gedehnten „Auf Wiedersehen!"

Jennifer ist sehr froh, wie alles gelaufen ist. Carl-Michael wird zufrieden mit ihr sein.

Es ist bereits Viertel vor zwölf, Caspar hat um halb eins Unterrichtsschluss. Also beschließt sie, zu warten, dann kann er mit ihr nach Hause fahren. Sie kauft sich am Kiosk noch einen Kaffee und setzt sich an einen der Tische in der Pausenhalle.

„Ah, guten Tag Frau Hassel-Meyer, wie geht es Ihnen?", grüßt sie Hans-Peter Wurth, der ehemalige Schulleiter des Gymnasiums. Er hatte damals ihren Caspar aufgenommen.

„Guten Tag Herr Wurth, was machen Sie denn hier? Ich denke, Sie sind in Rente."

„In Pension", verbessert er sie.

„Ach, ich war gerade hier in der Nähe, und dann schau ich schon mal rein und gucke, wie es so läuft an meiner alten Schule."

Er setzt sich zu ihr an den Tisch und beginnt zu erzählen.

„Wissen Sie, ich bin sehr glücklich, dass ich die Schulzeit hinter mir habe. Das ist ja zum Schluss immer schlimmer geworden. Immer mehr Schüler, die ungeeignet für das Gymnasium sind, die keine Lernbereitschaft zeigen und auch kognitiv nicht in der Lage sind, die Anforderungen, die ein Gymnasium stellen muss, zu erfüllen. Alles verwöhnte Blagen. Und eine Selbstsicherheit legen die heute an den Tag, als ob sie in ihrem Leben schon wer weiß was geleistet hätten.

Kennen Sie die Bücher von Dr. Thomas Sommer? Der ist Kinderpsychiater und der beschreibt sehr einleuchtend, wie es zu dieser Fehlentwicklung gekommen ist. Der hat auf dem letzten Schulleiterkongress gesprochen und am Ende seines Vortrags gab es Standing Ovations.

Bitte seien Sie mir nicht böse, mit den ‚verwöhnten Blagen‘ meine ich natürlich nicht Ihren Caspar“, lügt er sie jetzt aus Höflichkeit an, denn er zählt Caspar durchaus zu diesen.

„Und dann der ganze Quatsch mit der Inklusion, der Integration und dieser individuellen Förderung.

Stellen Sie sich einmal vor: 2015 mussten wir, wie jede andere Schule auch, Flüchtlingskinder aus Syrien und Afghanistan aufnehmen. Die konnten natürlich kein bisschen Deutsch. Was bitteschön hatten die hier am Gymnasium zu suchen ohne Deutschkenntnisse? Die konnten doch nur scheitern. Ja, und wo sind die jetzt? Als die Schonfrist von zwei Jahren in der extra eingerichteten Flüchtlingsklasse vorbei war, dauerte es nicht lange und sie wurden zur Sekundarschule geschickt. Alles unausgegorene Konzepte, die die da in Düsseldorf aushecken.“

Sein ganzer Frust über die Entwicklung seines Gymnasiums im Speziellen und der Schullandschaft im Allgemeinen bricht aus ihm heraus. Scheinbar hat er nur auf ein Opfer gewartet, das sich diese ganze Litanei anhört:

„Wissen Sie, alles hat ja mit der PISA-Studie angefangen. Sie wissen, was das ist?“

Jennifer schüttelt den Kopf.

„Nun, PISA ist eine weltweite Vergleichsstudie der Schulsysteme. Und bei der hat Deutschland Anfang der 2000er-Jahre nicht so gut abgeschnitten. Und dann fing der ganze Aktionismus in den Schulen an: Schulprogramme mussten geschrieben werden, Kernlehrpläne umgesetzt und Qualitätsanalysen bestanden werden. Da gab es auch gute Ansätze, aber insgesamt viel zu viele und viel zu unausgegorene. Und das geht immer weiter so. Immer mehr von dem Falschen.

Nee, Frau Hassel-Meyer, das kann nichts werden. Und dann noch die Idee, dass heute jeder Abitur haben muss, die politische Phantasie, dass 60 bis 70% eines Jahrgangs zum Abitur gecoacht werden müssen. So ein Quatsch. Das klappt doch nur, wenn man das Abitur entwertet. Anders kann es doch gar nicht funktionieren. Fragen Sie mal an den Universitäten nach: Die Studenten können heute kaum noch einen Satz fehlerfrei schreiben!“

Er ereifert sich richtig. Dann verordnet er sich selbst einen Cut:

„Nein, gut, dass ich damit nichts mehr zu tun habe. Sollen heute andere, Jüngere den Karren aus dem Dreck ziehen. Ich bin zu alt für so was.“

„Das klingt aber nicht gut. Ich höre eine Menge Frustration aus Ihren Worten und das, wo ich gerade meine Tochter hier angemeldet habe“, klingt Jennifer bedrückt.

„Ach, das ist auch nur meine Perspektive als alter Zausel, Frau Hassel-Meyer. Es tut mir leid, dass das alles so aus mir rausgesprudelt ist. Sie haben das sicher richtig entschieden. Und wenn man ganz ehrlich ist, haben Sie seit der Schließung der Realschule auch keine Alternative mehr in Wermelsburg."

In Wermelsburg ist jedem bekannt, dass Wurth sich für den Erhalt des dreigliedrigen Schulsystems mit Gymnasium, Real- und Hauptschule in der Stadt stark gemacht hatte. Aber nachdem Diethelm Otto seine Hauptschule totgeredet und bei der Anmelderunde 2012 die letzten 25 Willigen einfach nicht aufgenommen hatte, hatte man die Hauptschule auslaufen lassen. Damit war das dreigliedrige Schulsystem, das nach Hans-Peter Wurths Ansicht bis dahin gute Dienste für Schüler, Eltern und die Stadt geleistet hatte, gekippt, wie ein Schemel, dem das nötige dritte Bein wegbricht. Ein Jahr später hatten die politisch Verantwortlichen in Wermelsburg auch das Ende der Realschule beschlossen und parallel zum Auslaufen der Realschule die neue Sekundarschule aufgebaut. Zu Beginn waren die Eltern von der neuen Schulform begeistert, zumal auch ein neues Schulgebäude für die neue Schule her sollte. Aber sehr schnell war Ernüchterung eingekehrt und von dem neuen Gebäude spricht heute niemand mehr.

Jetzt, nach nur sieben Jahren, ist die Anfangseuphorie einer starken Frustration auf allen Seiten gewichen. Weder Schüler noch Eltern oder Lehrer stehen hinter dem Konzept der Sekundarschule, nur die SPD-Mehrheit im Stadtrat versucht weiterhin, das einmal Beschlossene schönzureden.

Wurth sieht sich als Opfer all der schulpolitischen Auseinandersetzungen in Stadt und Land. Darum hatte er vor drei Jahren entschieden, unter Inanspruchnahme eines Altersteilzeitmodells vorzeitig aus dem Schuldienst auszuscheiden. Damit war mangels anderer Bewerber die Direktorenstelle für den noch sehr unerfahrenen Konrektor Kevin Schnalt frei geworden.

Die Tiraden seitens Hans-Peter Wurth nehmen Jennifer richtig mit. Im Büro von Kevin Schnalt war sie noch glücklich gewesen, dass die Anmeldung so unkompliziert über die Bühne gegangen war. Gut, Vorzimmerdame Örlinghaus hatte sie mächtig verunsichert, aber der Schulleiter hatte ihr das Gefühl gegeben, dass schon alles gut werden würde für und mit Melinda.

Und jetzt das! Wer hat recht, der frustrierte alte Zausel, wie er sich selbst genannt hatte, oder der junge dynamische, aber noch unerfahrene Herr Schnalt? Oder liegt die Wahrheit, wie so oft, in der Mitte?

Kurz nachdem Hans-Peter Wurth sich verabschiedet hat, kommt Caspar mit seinem Kumpel Dean.

„Können wir Dean kurz nach Hause bringen?“

„Ja, das können wir. Kommt, der Wagen steht auf dem vorderen Parkplatz.“

Fünf Minuten später setzen sie Dean zu Hause ab.

„Du, Caspar, war es richtig, Melinda am Gymnasium anzumelden? Ich hatte gerade ein Gespräch mit eurem ehemaligen Direktor und das hat mich stark verunsichert.“

„Aber Mama, das ist doch keine Frage. Zur Sekundarschule gehen doch nur die Spackos, die Loser. Nee, das ist schon ganz okay so. Und Herr Schnalt ist echt cool, nicht so verknöchert wie der Wurth. Obwohl ich meine PowerPoint zu Hause vergessen hatte, hat er mir trotzdem noch die Vier in Geschichte gegeben. Der Mann ist okay.

Nur eines: Ich spiele nicht den großen Beschützer für Mel. Die muss am besten von Anfang an allein zurechtkommen, ist das klar?"

„Ach, Caspar, das verlangt doch keiner von dir. Aber in den ersten Tagen könntest du sie schon ein bisschen an die Hand nehmen ..."

„No way, die kriegt das schon alleine gebacken. Muss sie, sonst hat sie am Gymi nämlich nichts verloren!"

„Es ist immer wieder ernüchternd, wie wenig ich auf Caspars Mithilfe bauen kann", denkt Jennifer.

Carl-Michael kommt gegen sieben nach Hause. Da sie immer noch nicht weiß, ob die Anmeldung am Gymnasium das Richtige für Melinda ist, sucht Jennifer gleich das Gespräch mit Carl-Michael. Sie setzt an, um ihre innere Zerrissenheit zu formulieren, aber Carl-Michael unterbricht sie mit der Frage:

„Ist Melinda denn jetzt ordnungsgemäß angemeldet?"

„Ja, das hat alles gut geklappt und ..."

Mehr will Carl-Michael gar nicht wissen.

„Dann ist doch alles gut. Prima gemacht. Und wir sind uns doch im Klaren darüber, dass es keine Alternative für unsere Kleine gibt. Also mach dir keine weiteren Gedanken. Und außerdem habe ich einen langen Tag gehabt, ich brauche jetzt erstmal meine Ruhe."

Aber das beendet natürlich Jennifers Zwiegedanken nicht und so nimmt sie sie mit in die Nacht.

Freitag, 29. März

Tanzvorführung an der Grundschule

Es sei wichtig, dass die Kinder ein Erfolgserlebnis hätten, wenn sie so viel Zeit mit dem Tanzenlernen verbringen würden, hatte Frau Schmalenbach damals auf dem Elternabend gesagt. Und deshalb würde der Tanzkurs mit einer Vorführung abschließen.

Heute ist dieser große Tag und alle Eltern der beteiligten Kinder sind eingeladen, das Ergebnis des Tanzunterrichts, der fast ein halbes Jahr lang immer mittwochnachmittags stattgefunden hatte, zu würdigen.

Die Kinder der Tanztruppe waren über Mittag in der Schule geblieben und von der Schulleiterin mit Pizza versorgt worden.

Jetzt sitzt Jennifer im Auditorium in der Pausenhalle der Grundschule. Keine der anderen Mütter und auch keiner der wenigen Väter kommt ihr bekannt vor. Sie hat sich für einen Außenplatz in einer der mittleren Sitzreihen entschieden. Als Melinda ihre Mutter sieht, kommt sie zu ihr gelaufen. Ein anderes Mädchen folgt ihr. Beide haben schwarze Leggins und ein weißes T-Shirt an. „Dieses Outfit sieht nicht nur einheitlich, sondern auch ein wenig feierlich aus“, denkt Jennifer.

„Das ist Paulina, Mama, die ist auch in meiner Klasse und wir tanzen zusammen.“

„Guten Tag, Frau Meyer“, grüßt Paulina höflich.

„Hallo Paulina. So, heute ist euer großer Tag, auf den ihr so lange hingearbeitet habt. Seid ihr aufgeregt?“

Die beiden Mädchen schauen sich an, und dann lächeln sie und nicken beide mit dem Kopf, als müssten sie sich das jetzt erstmals voreinander eingestehen.

„Wir müssen dann mal zurück …“

„Viel Erfolg“, wünscht Jennifer.

Bevor die Veranstaltung losgeht, hat Jennifer Zeit, ihren Gedanken nachzuhängen: Wie war es, als sie in Melindas Alter war? Sie erinnert sich mit guten Gefühlen an ihre Grundschullehrerin Frau Vosswinkel. Das einzig Wichtige für sie damals war, Frau Vosswinkel nicht zu enttäuschen oder, noch besser, sie zu erfreuen. Jennifer hatte schon zu Grundschulzeiten nicht immer alles beim ersten Erklären verstanden. Weil sie aber Frau Vosswinkel nicht enttäuschen wollte, hatte sie auch nicht nachgefragt. Meist erklärte Frau Vosswinkel das Thema von sich aus nochmals und versuchte es dann auf einem anderen Weg. Und irgendwann hatte es dann auch Jennifer verstanden. Und so war es ihr gelungen, das eine oder andere Lob von ihrer Lehrerin zu bekommen. Diese Tage, an denen sie gelobt wurde, waren es wert gewesen, die Grundschulzeit durchzustehen. Das Lob von Frau Vosswinkel war ihr Antrieb gewesen. Sie hatte für Frau Vosswinkel gelernt, für ihre Anerkennung und ihr Lob.

Heute war das anders. Melinda hatte von der ersten Minute ihrer Grundschulzeit gehört, sie lerne für sich selbst. Zwar gibt es auch für Melinda immer viel Lob, aber so inflationär, dass es Melinda nicht viel zu bedeuten scheint. Und für jedes Fehlverhalten eines Schülers wird so lange nach einer Begründung gesucht, dass bei den Schülern der Eindruck entsteht, dass ihr Verhalten, so verquer es auch ist, doch irgendwie tolerabel ist. „Es scheint also egal zu sein“, so denkt Jennifer, „wie man sich verhält. Fast jedes Verhalten und jede Leistung bekommt lobenden Zuspruch. Und selbst Minderleistungen oder Fehlverhalten werden relativiert. Wie können Schüler so eine Idee davon bekommen, was gut und erstrebenswert und andererseits, was schlecht und zu unterlassen sei? Wie sollen sie so eine Moralvorstellung entwickeln?“, fragt sich Jennifer.

Damit den Heranwachsenden überhaupt noch signalisiert werden kann, dass sie etwas Besonderes geleistet haben, und sie für weitere Anstrengungen zu motivieren, sind solche Events wie heute unabdingbar. Heute bekommen sie, so jedenfalls die Hoffnung, Applaus für ihre Leistungen und Anerkennung für ihre Mühen. Aber ist das nicht alles übers Ziel hinaus? Wäre das alles wirklich nötig, wenn die Verantwortlichen im Tagesgeschäft mit Lob und Tadel bedacht umgehen würden, so wie es damals Frau Vosswinkel in ihrer Grundschulzeit vorbildlich gemacht hatte?

Lehrer betrachten sich ja heute als Coaches, die die Schüler nur bei ihrem Wunsch, etwas zu lernen, unterstützen. So hatte es Frau Schmalenbach schon bei ihrem ersten Elternabend an der Grundschule klargestellt. Das war Jennifer schon damals komisch vorgekommen und sie hatte sich diesen Satz gemerkt.

Ist es denn wirklich so, dass Kinder den eigenständigen Wunsch haben, etwas zu lernen? Ja, beispielsweise zum Laufen- oder Sprechenlernen muss kein Erwachsener die Kinder drängen, der Wunsch es zu erlernen scheint angeboren. Und nein, so hatte Jennifer es bei Caspar erlebt, Vokabellernen beispielsweise scheint kein angeborener Wunsch zu sein. Warum taten es einige Kinder trotzdem und andere, wie ihr Caspar, eben nicht?

Sie denkt wieder an den Vortrag von Herrn Wurth vor zwei Wochen. Vielleicht könnte das Buch von Dr. Sommer ja Klarheit in ihre Gedanken bringen.

Die Vorführung beginnt mit einleitenden Worten von Dorothee Schmalenbach:

„Liebe Eltern, liebe Anwesende, liebe Kinder, ich freue mich, dass wir heute hier zeigen können, was wir im letzten halben Jahr in unserer Tanz-AG gelernt und einstudiert haben. Ihre Kinder, liebe anwesende Eltern, brennen darauf, die geübten Tänze heute hier vor Ihnen präsentieren zu können.

Es ist mir als Pädagogin nochmals wichtig zu betonen, dass Lernen, also damit meine ich das verstandesmäßige Lernen, immer nur im Gleichschritt mit körperlicher Bewegung stattfinden kann. So ist nicht nur meine Erfahrung als Pädagogin, so dachte bereits der alte Grieche Platon, indem er den Ausspruch prägte: „Ein gesunder Geist wohnt in einem gesunden Körper“. Und das bestätigt ebenso die aktuelle Forschung zum Thema.

Wir bemühen uns, das in unseren Unterrichtsalltag einfließen zu lassen, indem wir den Kindern auch am Vormittag immer wieder viel Bewegung ermöglichen. Darüber hinaus empfinde ich es aber als unerlässlich, dass Kinder sich auch in ihrer Freizeit viel bewegen. Und um dies zu fördern, haben wir unter anderem die Tanz-AG vor drei Jahren ins Leben gerufen.

Aber lange Rede kurzer Sinn. Fangen wir mit einem Square Dance an. Viel Vergnügen dabei!“

Die Tänzerinnen, ein Junge ist allerdings auch dabei, stellen sich auf und die Musik beginnt. Man merkt die Nervosität und es geht einiges schief. Melinda tanzt zunächst mit Paulina und die beiden halten den Takt. Es sieht so aus, als ob die anderen sich an dem Pärchen orientieren, wenn sie nicht mehr weiterkommen. Jetzt müssen die Partner wechseln und das bringt alle aus dem Rhythmus. Nun herrscht Tohuwabohu auf der Bühne und die Musik setzt aus. Frau Schmalenbach bittet die Schülerinnen und den Schüler von der Bühne.

„Liebe Eltern, da war wohl zu viel Lampenfieber im Spiel. Ich bitte um Nachsicht. Die Generalprobe gestern war perfekt. Da musste es heute ja schiefgehen“, versucht sie das Desaster zu überspielen. Die Eltern lachen verlegen.

Jennifer denkt, dass sowieso jede Mutti oder jedes Elternpaar nur auf das eigene Kind guckt. Sie jedenfalls kann froh sein, dass ihre Melinda es noch am besten von allen hinbekommen hat. Aber Tanzen ist nun mal keine Einzeldisziplin.

Frau Schmalenbach kündigt nun einen Cancan an. Na, ob das gut geht?

Hier tanzen alle als Gruppe, halten sich gegenseitig und orientieren sich wieder an der Vortänzerin Melinda, die so tanzt, als sei es das Natürlichste von der Welt. Sie zieht tatsächlich die anderen mit und so kommen sie nach anfänglicher Unsicherheit in den Rhythmus. Jetzt beginnen die ersten Eltern den Takt mitzuklatschen und siehe da, das gibt den kleinen Balletttänzerinnen Aufwind und sie werden immer besser. Als die Musik endet, geht das Mitklatschen in verdienten Applaus über. „Frau Schmalenbach wird auch ein Stein vom Herz fallen“, denkt Jennifer.

Die Kinder verneigen sich und treten ab. Frau Schmalenbach bedankt sich beim Publikum und verabschiedet sich auch im Namen der Kinder. Nach einer halben Stunde ist alles über die Bühne. „Na, man muss nicht alles in eine Aufwand-Nutzen-Relation setzen“, denkt sich Jennifer. Und vielleicht war der Nutzen für die Kinder ja größer, als sie es von außen als Erwachsene beurteilen kann.

Mit einer vor Begeisterung sprudelnden Melinda macht sich Jennifer auf die Rückfahrt. Für Melinda hat sich der Nachmittag scheinbar gelohnt und obwohl die Vorführung einiges an Perfektion vermissen ließ, hat Melinda ihren eigenen Anteil offensichtlich als positiv wahrgenommen.

Sind nicht auch die kleinen Erfolgserlebnisse wichtig für ein gutes Gefühl und ein gelingendes Leben?!

Dienstag, 9. April

Zoff im Kindergarten

Gegen 11:30 erhält Jennifer einen Anruf vom Kindergarten. Jacky Winterhof-Rümmeling ist am Apparat. Sie klingt aufgeregt:

„Jenny, bitte komm schnell. Wir mussten den Notarzt alarmieren. Curd-Jürgen hat eine stark blutende Wunde am Kopf. Vermutlich nehmen sie ihn mit ins Krankenhaus."

„Was?! Natürlich komme ich sofort. Was ist denn passiert? Nee, das erzählst du mir, wenn ich da bin. Wo sind meine Schlüssel", spricht sie jetzt in ihrer Aufregung zu sich selbst. Und dann: „Bin in zehn Minuten da."

Ohne die Antwort abzuwarten, legt sie auf und schon sitzt sie zitternd hinterm Lenkrad und braust los.

Als sie am Kindergarten ankommt, ist kein Notarztwagen zu sehen. Sie stürmt in den Eingang und direkt auf die Leiterin des Kindergartens zu:

„Wo ist mein Curd-Jürgen?"

„Die haben ihn schon ins nächstliegende Krankenhaus gebracht. Die wollten nicht warten. Sie haben gesagt, dass es wichtig wäre festzustellen, ob er auch innere Blutungen hat."

„Oh, Gott. Ich muss sofort dahin. Haben sie ihn ins Sana-Klinikum gebracht?"

„Ja, fahr schnell los. Soll ich dir jemanden zur Begleitung mitgeben?"

„Aber was ist denn geschehen?“, geht Jennifer gar nicht auf die Frage ein.

„Es gab Streit zwischen Curd-Jürgen und Winfried von Berken. Aber das erzähle ich dir später genauer. Jetzt fahr erst mal zu deinem Kind, okay?“

„Ja, okay.“

Eine Viertelstunde später ist Jennifer bereits am Krankenhaus. Gott sei Dank gibt es viele freie Parkplätze und so spielt es keine Rolle, dass sie mit ihrem ‚Panzer‘ zwei Plätze gleichzeitig belegt.

Die Notaufnahme im Sana-Krankenhaus ist gut organisiert und die Schwestern sind bemüht. So ist sie schnell im Behandlungsraum ihres Kleinen und kann mit dem behandelnden Arzt sprechen. Der hat gerade die MRT-Aufnahmen von Curd-Jürgens Kopf erhalten und kann Entwarnung geben. Es handelt sich wohl nur um äußerliche Verletzungen. Die Blutungen seien gestillt, Curd-Jürgen sei durch ein angemessenes Sedativum ruhig gestellt, die Wunde werde gleich genäht und verbunden.

„Wir bringen Ihren Kleinen dann auf ein reguläres Krankenzimmer. Die Schwester sagt Ihnen dann gleich, wohin Sie müssen.“

„Vielen Dank, Herr Doktor“, ist Jennifer erst einmal erleichtert.

Auf dem Flur wählt sie Carl-Michaels Handynummer. Nur die Mailbox springt an. Typisch, immer wenn man ihn mal braucht, ist er nicht erreichbar. Sie ruft seine Sekretärin an, die ihr bestätigt, dass Carl-Michael in einem Mandantengespräch ist.

„Bitte sagen Sie meinem Mann, dass er mich so schnell wie möglich anrufen soll. Unser Sohn ist im Krankenhaus."

„Oh, herrje, ist es was Schlimmes?", fragt sie mitfühlend. Sie merkt aber sofort, dass die Frage übergriffig war und bestätigt:

„Sobald sich eine Möglichkeit ergibt, sage ich Ihrem Mann Bescheid. Gute Besserung für Ihren Kleinen."

„Danke. Und nicht vergessen."

„Sie können sich auf mich verlassen. Auf Wiederhören, Frau Meyer."

„Auf Wiederhören."

Was ist noch zu organisieren? Melinda kommt erst später nach Hause, aber sie muss Caspar eine WhatsApp schicken, dass er sich selbst um ein Mittagessen kümmern muss.

„Bin im Krankenhaus wegen Curd-Jürgen. Erzähle später. Kauf dir irgendwo etwas zum Mittagessen", textet sie.

Keine 3 Minuten später macht es ‚Ping' und Caspar antwortet vollkommen unempathisch: „Geht klar."

Endlich kommt die Schwester und schickt sie in den zweiten Stock, Zimmer Nr. 245.

Curd-Jürgen schläft. Unter seinem Verbandsturban sieht er bleich aus. Jennifer setzt sich neben sein Bett und hält sorgend sein kleines Händchen.

Eine Viertelstunde sitzt sie äußerlich ruhig neben ihrem Kleinen. Innerlich quält sie der Gedanke, ob die Ärzte auch wirklich nichts übersehen haben und ob Curd-Jürgen außer einer Narbe an der Stirn nichts Bleibendes davonträgt.

Ihr Handy reißt sie aus den Gedanken. Es ist Carl-Michael. Sie geht auf den Flur, um seinen Anruf anzunehmen.

„Was ist los? Wer ist im Krankenhaus?"

„Curd-Jürgen. Die Ärzte sagen, dass nichts weiter ist außer einer Wunde an der Stirn. Anscheinend hat Winfried, der Sohn von Ines von Berken, ihn geschlagen oder geschubst oder so. Aber Genaues weiß ich noch nicht. Der Notarztwagen hat ihn ins Krankenhaus gebracht. Die haben ihn hier ruhiggestellt und seinen Kopf durchleuchtet, aber Gott sei Dank nichts weiter festgestellt. Es scheint nur eine äußere Verletzung zu sein. Die ist genäht worden und jetzt liegt er hier im Krankenzimmer und schläft."

„Ach herrje. Gut, dass du da bist. Bleib bei ihm, bis er aufwacht. Ich komme, so schnell ich kann. Aber es wird sicher noch eine Stunde dauern. Wissen Caspar und Mel Bescheid?"

„Caspar habe ich eine WhatsApp geschickt. Der kommt sicher zurecht. Melinda ist noch in der Schule."

„Vielleicht kann sich meine Mutter kümmern und sie aus der Schule abholen. Was denkst du? Ruf sie bitte an und frag sie, ja?!"

„Ja, gute Idee, das mache ich. Tschüss bis dann. Sieh zu, dass du schnell kommst, ja?"

„Okay, tschüss bis dann."

Warum kann er nicht einfach bei mir sein, wenn so etwas passiert ist? Warum geht auch jetzt seine doofe Kanzlei vor? Warum kümmert er sich nicht und ruft Charlotte selber an? „Immer bleibt alles an mir kleben", denkt Jennifer. Aber natürlich widerspricht sie nicht und tut, wie ihr geheißen. Charlotte ist entsetzt, fragt, wie sie helfen kann und willigt sofort ein, sich um Melinda zu kümmern.

Wieder im Zimmer, hält Jennifer weiter das Händchen von Curd-Jürgen. Ein junger Arzt erscheint und kontrolliert den Monitor: „Sie sind sicher die Mutter, Frau … Meyer, ja?"

„Ja, das bin ich."

„Ihrem Sohn scheint es den Umständen entsprechend gut zu gehen. Puls und Blutdruck sind im grünen Bereich, die Körpertemperatur ist leicht erhöht, aber kein Problem. Das MRT hat ja auch nichts ergeben. Der Kleine wird sicher so in einer halben Stunde aufwachen. Dann bekommt er weiterhin Schmerzmittel über den Tropf. Ich sage das nur, weil er davon noch ein bisschen benommen sein wird. Sie brauchen sich also keine Sorgen machen. Wir werden Ihr Kind noch über Nacht hier behalten und wenn es ihm dann so weit gut geht, können Sie ihn morgen wieder mit nach Hause nehmen."

„Das klingt gut, Herr Doktor. Sie können auch wirklich ausschließen, dass er bleibende Schäden behält?"

„Das MRT ist komplett unauffällig. Wir gehen also davon aus. Und wenn bis morgen alles unauffällig ist, dann ist alles okay und er wird nur eine kleine Narbe davontragen. Aber auch die wird in zwei bis drei Jahren verblichen sein. Also keine Sorge."

Der Arzt nickt und Jennifer bedankt sich. Jetzt ist sie wieder mit Curd-Jürgen alleine.

Carl-Michael kommt spät, wie nicht anders zu erwarten war.

„Hallo, mein Schatz, wie geht es dem kleinen Mann?"

„Nun, er ist jetzt schon eine ganze Weile wach. Er wirkt noch reichlich lethargisch. Das käme von dem Schmerzmittel, sagt der Arzt. Sonst ist wohl aber alles soweit okay, keine bleibenden Schäden, sagt der Arzt."

„Das ist ja gut", atmet Carl-Michael auf.

„Was ist denn da im Kindergarten passiert? Das kann doch nicht sein, dass sich die Kinder da prügeln!"

„Ich weiß es nicht. Ich wollte nur möglichst schnell bei Curd-Jürgen sein, deswegen habe ich noch keine näheren Informationen."

„Das verstehe ich. Und das war auch gut so. Aber wir müssen wissen, was da gewesen ist. Am besten fahren wir morgen zusammen zum Kindergarten und lassen uns Rechenschaft ablegen."

„Natürlich, der Herr Anwalt, es muss ja ein Schuldiger gefunden werden", denkt Jennifer.

„Stell dir nur mal vor, Curd-Jürgen behält bleibende Schäden, dann geht es nicht nur um Schmerzensgeld, sondern auch um Versorgungsansprüche", stellt Carl-Michael klar.

„Aber soweit sind wir doch Gott sei Dank nicht. Können wir nicht erst einmal abwarten, bevor wir an so etwas denken. Das ist doch jetzt zweitrangig", ärgert sich Jennifer über Carl-Michaels mangelndes Mitgefühl. Carl-Michael fühlt sich ertappt und schweigt zunächst.

Nach einer Weile erkundigt er sich, ob er nach Hause fahren soll, um ein paar Sachen für die Nacht zu holen. Jennifer wolle doch sicher über Nacht bei ihrem Sohn bleiben. Mutterpflicht.

„Ja, bitte frag eine Krankenschwester, ob das möglich ist. Ich würde schon gerne hier bei unserem Kleinen bleiben. Und ja, es wäre schön, wenn du mir dann meine Kulturtasche und einen Schlafanzug bringst.“

Und als Carl-Michael aufsteht, ergänzt sie: „Und sprich mit deiner Mutter, ob Melinda über Nacht bei ihr bleiben kann.“

„Okay, ich kümmere mich und bin schnell wieder da.“

Die Nacht verläuft ohne besondere Vorkommnisse. Curd-Jürgen schläft unruhig und Jennifer macht natürlich kein Auge zu. Die Nachtschwester kontrolliert von Zeit zu Zeit Monitor und Tropf, aber auch sie stellt keine Unregelmäßigkeiten fest.

Nach der Visite durch den Chefarzt kann Curd-Jürgen entlassen werden. Es sieht alles gut aus, keine Komplikationen. Jennifer bekommt noch ein leichtes Schmerzmittel mit, das sie dem Kleinen zu den Mahlzeiten geben soll. Ansonsten sei Ablenkung wichtig. Curd-Jürgen solle am besten tun, was ihm Spaß macht, allerdings ohne zu große körperliche Anstrengung.

Curd-Jürgen fragt, ob er zu Hause mit seinen Autos spielen darf. „Ja, das ist eine gute Idee, denn dann vergisst er alles um sich herum“, denkt Jennifer.

Jennifer und Carl-Michael haben sich am Nachmittag mit der Kindergartenleitung verabredet. Sie treffen auf Jaqueline Winterhof-Rümmeling, auf die Praktikantin Gwendoline und auch Ines von Berken ist zu dem Gespräch erschienen.

Jacky schildert den Anwesenden, was passiert ist:

„Nun, die beiden haben zunächst friedlich mit den Autos gespielt. Jeder für sich in einer Ecke, nicht wahr, Gwen?“

Gwendoline bestätigt mit einem Kopfnicken.

„Ihr wisst, wir haben nur Spielzeug aus Holz mit abgerundeten Ecken oder welches aus Plastik. Und zwar eben genau wegen der Verletzungsgefahr. Aber aus irgendeinem Grund war dieses große Metallauto bei den Spielzeugen dabei, mit denen Winfried vor sich hin gespielt hat. Ich weiß nicht, wo das hergekommen ist.“

Jacky zeigt ein Porsche-Modellauto im Maßstab 1:24, dem eine Tür und die Windschutzscheibe fehlen und dessen rechte A-Säule eingeknickt ist. An der Stelle ist eingetrocknetes Blut zu sehen.

Jennifer und Carl-Michael schauen sich betreten an. Scheinbar hat Curd-Jürgen seinen Porsche mit in den Kindergarten geschmuggelt, ohne dass Jenny es mitbekommen hat.

„Gwen hat beobachtet, dass Curd-Jürgen versucht hat, Winfried dieses Auto wegzunehmen. Er hat es immer wieder versucht. Und dann ist Winfried ausgerastet und hat Curd-Jürgen damit geschlagen.“ Gwendoline nickt wieder.

„Aber da hätte doch jemand eingreifen müssen! Das kann man doch nicht einfach so geschehen lassen!“ ereifert sich jetzt Carl-Michael.

„Ihr wisst, dass unser pädagogisches Konzept besagt, dass wir Erzieherinnen möglichst wenig intervenieren wollen. Die Kinder sollen lernen, ihre Angelegenheiten, und auch ihre Konflikte, möglichst selbstständig zu regeln. Das ist unser Leitgedanke.

Und Gwen hat diesen Gedanken auch gut umgesetzt. Sie konnte ja auch nicht ahnen, dass sich so ein …", sie hebt noch mal das Modellauto hoch, „Mordwerkzeug unter den Spielsachen versteckt." Gwen nickt wieder.

Ines von Berken meldet sich zu Wort:

„Erstmal möchte ich sagen, wie leid es mir tut, was eurem Jungen passiert ist. Natürlich sage ich meinem Winfried, dass er keine Gewalt gegen andere anwenden darf. Das ist doch selbstverständlich. Und doch muss ich sagen, dass es wichtig ist, wie hier im ‚Sonnenaufgang' gehandelt wird. Die Kinder müssen von Anfang an lernen, dass sie selbstständig ihre Konflikte lösen. So läuft es ja im richtigen Leben auch. Und im richtigen Leben darf man sich auch nichts gefallen lassen und muss sich wehren, auch das gehört dazu. Dass man lernen muss, sich mit Argumenten anstelle von körperlicher Gewalt zu wehren, das ist dann der nächste Schritt. Und da leisten die Damen nach meinem Dafürhalten hier gute Arbeit. Ich habe schon häufig erlebt, wie Jacky versucht hat, den Kindern nach ihren eigenen misslungen Lösungsversuchen die Sicht des jeweils anderen klar zu machen. Das ist eine Sisyphusarbeit, ohne Frage, aber ich glaube, das lohnt sich."

Ihr Gefühl sagt Jennifer, dass es richtig ist, wenn Kinder zunächst einmal versuchen, ihre Konflikte spielerisch unter sich zu lösen. Aber wie geht es dann weiter? Wenn der Streit eskaliert, wie zwischen Curd-Jürgen und Winfried, reicht es dann, den kleinen Zankhähnen Verständnis für die Situation des jeweils anderen zu vermitteln? Ist das nicht eine geistige Überforderung? Die sind doch gerade noch dabei zu kapieren, wie sie selber ticken. Da kann man doch nicht erwarten, dass sie auch noch verstehen, aus welchen Motiven ihr Gegenüber handelt.

Aber noch viel schlimmer ist in Jennifers Augen, wenn eine Mutter wie Ines von Berken ihrem Kleinen offensichtlich beibringt, die Ellbogen auszufahren. Vielleicht sollte sie sich das Buch von Dr. Sommer kaufen, das ihr der ehemalige Schulleiter des LEG empfohlen hatte, um Klarheit in solchen Fragen zu bekommen.

„Wir stellen ja auch das pädagogische Konzept gar nicht in Frage. Schließlich haben wir das ja auch unterschrieben, als wir unseren Curd-Jürgen hier angemeldet haben", kehrt Carl-Michael jetzt den Anwalt raus.

„Und dennoch gibt es eine Aufsichtspflicht. Und wenn so ein gravierender Schaden entstanden ist", doziert er in seinem Juristendeutsch weiter, „dann muss die Frage nach der Verletzung der Aufsichtspflicht gestellt werden. Also ist meine Frage an Sie, Fräulein Gwendoline, wo waren Sie als der Vorfall passierte?"

Jacky antwortet statt der Angesprochenen: „Gwendoline war hier im Raum, sie hat das Geschehen, wie gesagt, beobachtet, aber noch keine Veranlassung gesehen einzuschreiten. Wie gesagt, unser pädagogisches Konzept ist ja …"

„Jaja, das habe ich verstanden", fällt ihr Carl-Michael ins Wort, „aber wir müssen ja den Verantwortlichen finden. Nochmal: Sie waren also im Raum, als der Vorfall passierte?"

Gwendoline entgegnet genervt: „Ja, klar!", und guckt wieder hilfesuchend zu ihrer Leiterin.

„Also, wenn das jetzt ein Verhör werden soll, dann würde ich das gerne an dieser Stelle abbrechen. Dann müssen wir ebenfalls unseren Anwalt kontaktieren. Wir haben uns nämlich nichts vorzuwerfen hier. Bitte gehen Sie jetzt, Herr Meyer", beendet Jaqueline Winterhof-Rümmeling das Gespräch und bittet das Ehepaar Meyer zum Ausgang.

Carl-Michael weiß natürlich, dass die Kindergartenleiterin das Hausrecht hat und er kein Recht, sie weiter zu bedrängen. Er packt seine Frau am Arm und bedeutet ihr, ihm zu folgen.

Draußen richtet er seine Vorwürfe an Jennifer:

„Das ist jetzt echt blöd, dass das ‚Mordwerkzeug', wie diese Leiterin es genannt hat, von unserem Curd-Jürgen selbst mitgebracht worden ist. Damit haben wir, hast du als Aufsichtsperson eine Mitschuld an dem Geschehen. Natürlich kann man jetzt wieder sagen, die hätten auch erkennen müssen, dass das Modellauto da nicht hingehört …"

„Ich bin einfach nur froh, dass unser Curd-Jürgen nur eine Schramme davongetragen hat. Alles andere ist für mich nebensächlich", ignoriert Jennifer seinen Vorwurf.

„Jaja, und rechtlich läuft es wahrscheinlich aus wie das Hornberger Schießen. Dann belassen wir es dabei, okay?“

„Ja, ich bitte dich sogar, nicht weiter nach einem Schuldigen zu suchen. Und Ines wird ihrem Winfried auch weiterhin soufflieren, dass er sich wehren und sich nichts gefallen lassen soll. Auch daran werden wir nichts ändern.“

„Vermutlich hast du recht.“

Donnerstag, 23. Mai

Elternabend wegen der Klassenfahrt

Heute Abend steht die Klassenpflegschaftssitzung wegen Caspars Klassenfahrt im nächsten Schuljahr auf Jennifers Terminkalender. Carl-Michael hat sich wieder einmal nicht an seine Zusage, rechtzeitig zu Hause zu sein, gehalten. Arbeit geht halt vor, vor Familie, vor Partnerschaft, vor allem, was sonst wichtig sein könnte im Leben. Ansehen und Geld stehen eben an erster Stelle.

Und so sitzt Jennifer als einzige Erziehungsberechtigte für Caspar unter den vielen Elternpaaren der Klasse 8c im Lehrerraum von Frau Pagelsdorff.

Frau Pagelsdorff hatte zu Beginn des Schuljahres angeregt, sich den drei anderen 8er-Klassen für eine 5-tägige Klassenfahrt nach Berlin anzuschließen. Es sei ein geschichtsträchtiges Programm vorgesehen. Der Schülerrat der Klasse hatte ihr aber signalisiert, dass die 8c lieber eine ‚spannendere' Klassenfahrt, z.B. nach Mallorca, bevorzugen würde. Am heutigen Elternabend sollte es weitere Informationen und Absprachen geben.

Frau Pagelsdorff hat die Eltern bereits begrüßt, da öffnet sich die Tür und Belinda Terodde kommt herein. Sie murmelt eine Entschuldigung für ihre Verspätung in sich hinein, weil sie den Ablauf nicht stören will. Frau Pagelsdorff nickt ihr zu, ohne sich in ihrem Wortfluss unterbrechen zu lassen. Als Belinda sieht, dass neben Jennifer noch ein freier Platz ist, lächelt sie in ihre Richtung und fragt leise, ob sie sich zu ihr setzen dürfe.

„Ja, gerne“, antwortet Jennifer mit gedämpfter Stimme, aber freudig, dass sie auch jemanden neben sich hat, mit dem sie sich gut versteht.

„War schon was Wichtiges?“, flüstert Belinda und Jenny schüttelt den Kopf.

Frau Pagelsdorff fährt fort:

„Nachdem die Frage des Protokolls geklärt ist, kommen wir zu unserem Tagesordnungspunkt 1, der Klassenfahrt im nächsten Schuljahr. Wie Sie wissen, haben wir uns den anderen Klassen für die Berlinfahrt angeschlossen.“

Unter den Eltern wird es unruhig, einige Paare tuscheln, andere gucken sich fragend an.

Ein wenig verunsichert fährt Frau Pagelsdorff fort: „Herr Schnalt, der die Klassenfahrt begleiten wird, hat als Geschichts- und Politiklehrer ein wunderbares Programm für unsere Klassen zusammengestellt. Kein anderer Ort in unserem Land ist so geschichtsträchtig wie Berlin. Ihre Kinder werden begeistert sein.“

Die Skepsis der Eltern erahnend, schiebt Paula schnell einen weiteren Grund für das Ziel Berlin nach:

„Neben der herausragenden Attraktivität als Ziel einer Klassenfahrt bedeutet Berlin aber zudem eine erhebliche Kosteneinsparung gegenüber einer individuell für unsere Klasse geplanten Fahrt.“

Unaufgefordert meldet sich der Pflegschaftsvorsitzende Dr. Bentin zu Wort und fasst die Unruhe der Eltern in Worte:

„Frau Pagelsdorff, bitte verzeihen Sie, wenn ich Sie unterbreche. Aber ich deute die Unruhe im Plenum so, dass viele Eltern genau wie meine Frau und ich gerade verstanden haben, dass Berlin als Ziel der Klassenfahrt bereits feststeht?“

„Ja, Berlin ist fest gebucht“, schützt Frau Pagelsdorff Erstaunen vor.

„Aber warum? Wer hat das entschieden? Ich kann mich nicht erinnern, dass wir auf unserer letzten Sitzung einen solchen Beschluss gefasst hätten.“ Eltern und Schüler sind so tief in diesem basisdemokratischen Denken gefangen, dass es für sie klar ist, dass sie das Bestimmungsrecht haben. Sie, und nur sie, seien legitimiert, so das allgemeine Empfinden, so wichtige Entscheidungen wie die über das Ziel einer Klassenfahrt zu treffen.

Und tatsächlich findet man dafür in der Schulfahrten-Richtlinie auch einen Passus, der eine Abstimmung der Klassenpflegschaft über Ziel und Programm einer Klassenfahrt vorsieht. Liest man die ganze Richtlinie, ist allerdings eher ein Abnicken des Vorschlags des pädagogisch Verantwortlichen, des Klassenlehrers, der den gesamten Bildungsauftrag professionell im Blick haben sollte, gemeint.

„Einen Moment, bitte“, Frau Pagelsdorff blättert in ihren Unterlagen und fischt das Protokoll der letzten Pflegschaftssitzung aus ihrer Kladde.

„Das ist das Protokoll unseres letzten Elternabends …“, sie überfliegt die Passagen und fährt fort:

„Unter dem Tagesordnungspunkt „Klassenfahrt in Jahrgang 9“ steht hier, ich zitiere: „Frau Pagelsdorff schlägt vor, sich den anderen Klassen, die sich für

Berlin als Ziel entschieden haben, anzuschließen. Da eine Buchung kurzfristig erfolgen muss, ist eine schnelle Entscheidung nötig. Herr Dr. Bentin als neu gewählter Klassenpflegschaftsvorsitzender merkt an, dass die Schüler*innen gefragt werden sollten, ob sie mit dem Ziel Berlin einverstanden sind, bevor eine Entscheidung getroffen wird." Offensichtlich haben wir in der letzten Sitzung nicht abgestimmt, denn sonst würde es ja im Protokoll vermerkt sein", ergänzt Paula Pagelsdorff das soeben Vorgelesene.

„Sehen Sie", nimmt Dr. Bentin den Faden auf, „so hatte ich es auch im Kopf. Und ich weiß von unserer Deborah, dass die Klasse Ihnen einen anderen Wunsch vorgetragen hat."

„Ja, ich erinnere mich, dass die Klasse nach Mallorca wollte. Aber das ist ja ganz und gar unmöglich", platzt es aus Paula Pagelsdorff heraus.

„Wir machen doch keinen Klassenausflug zum Ballermann. Eine Klassenfahrt ist doch kein Event, das ist eine Bildungsveranstaltung mit dem zusätzlichen Nutzen, die Klassengemeinschaft zu stärken. Also, diese Idee mit Mallorca, die ist ja komplett absurd. Das habe ich den Schülern auch genauso gesagt. Und dann war das Thema auch schnell vom Tisch."

„Für unsere Kinder hat das aber wohl anders ausgesehen", mischt sich jetzt Frau Drexhage, die Mutter des Klassensprechers ein.

„Tom hat mir erzählt, dass die Klasse das Thema als ‚vertagt' betrachtet hat, aber keinesfalls als abgeschlossen."

„Das mag ja sein, aber für mich war der Fall mit Mallorca abgeschlossen. Dazu kommt, dass mich unser Direktor gedrängt hat, die Zusage für Berlin zu geben, damit die Buchungen eingeleitet werden konnten. Er hat mir auch signalisiert, dass er kein anderes Klassenfahrtziel genehmigen würde, da keine entsprechenden Begleitlehrkräfte zur Verfügung stünden. Da habe ich zugestimmt. Und jetzt geht alles seinen eingeschlagenen Weg."

Ja, der Schulleiter muss eine jede Klassenfahrt auf Basis der schulischen Gegebenheiten, als da wären Fahrtenprogramm, Finanzierung, personelle Ressourcen etc., genehmigen. Also wäre Frau Pagelsdorff am Ende sowieso nichts anderes übrig geblieben, als dem Wunsch des Schulleiters zu entsprechen.

Aber die Eltern sind empört. Wie kann man sich bloß so über den Wunsch ihrer Kinder hinwegsetzen? Eltern fühlen sich einfach verpflichtet, für die Wünsche ihrer Kinder zu kämpfen, selbst wenn sie persönlich nicht überzeugt sind. Vor allem geschiedene Erziehungsberechtigte versuchen so, bei ihren Halbwüchsigen zu punkten und den anderen Elternteil in der Gunst der gemeinsamen Kinder auszustechen.

„Auf Mallorca sind ja durchaus kulturelle Ziele möglich. Ihnen als katholischer Religionslehrerin ist doch sicherlich die Kathedrale von Palma ein Begriff, nur mal als ein Beispiel. Darüber hinaus hätten die Schülerinnen und Schüler viele sportliche Betätigungsmöglichkeiten wie Schwimmen, Radfahren und Wandern gehabt. Ich finde es schon ein wenig despektierlich, um es freundlich auszudrücken, dass sie unseren Kindern unterstellen, dass sie sich nur am Ballermann vergnügen wollen", meldet sich Herr Bengtson zu Wort, von dem Jennifer weiß, dass er mit seiner Ex um das Sorgerecht für den Sohn Torge kämpft. Er bekommt beifälliges Kopfnicken der anderen Anwesenden für seinen Beitrag.

„So habe ich es auch nicht gemeint. Und wenn das jetzt gerade so bei Ihnen angekommen ist, dann bitte ich Sie alle um Entschuldigung. Ich muss ja wohl eingestehen, dass ich die Diskussion über die Klassenfahrt in meinem Kopf bereits abgeschlossen hatte, obwohl weder Sie als Eltern noch die Schüler sich dazu abschließend geäußert hatten. Und auch dafür muss ich mich entschuldigen. Ich habe doch nur das Beste für die Klasse gewollt“, dann stocken ihr die Worte. Ihre Augen werden feucht.

Jennifer kann Frau Pagelsdorff gut verstehen. „Sie engagiert sich wirklich für ihre Klasse, oft“, so denkt Jenny, „über das erwartbare Maß hinaus“.

„Da bin ich sicher!“, reagiert Belinda Terodde als erste nach der eingetretenen Verlegenheitspause.

„Sein Sie sicher, liebe Frau Pagelsdorff, dass wir Eltern sehr zu schätzen wissen, was Sie für die Klasse leisten. Und ja, dass wir als Eltern nicht abschließend gefragt worden sind, das ist nicht schön für uns. Ich weiß, dass Sie das nachvollziehen können und auch den Ärger verstehen. Aber lassen Sie uns resümieren: Die Klassenfahrt ist gebucht. Das ist Fakt. Es geht also im nächsten Schuljahr für unsere Kinder nach Berlin. Und nach meiner Meinung ist Berlin auch eine wirklich gute Wahl. Also lassen Sie uns nach vorne blicken. Vermutlich wollten Sie uns ja heute Details zu dem Programm der Klassenfahrt vorstellen.“

Sie blickt in die Runde: „Ich hoffe, dass das für alle Anwesenden okay ist, wenn Sie jetzt damit fortfahren?“

Belinda erhält von den meisten zustimmende Kopfbewegungen.

Zwar bleibt bei vielen Eltern ein ungutes Gefühl, wie sie ihren Abkömmlingen diese ‚Niederlage‘ verkaufen können, aber die Realität ist nun einmal die Realität, da hat Frau Terodde recht.

Paula Pagelsdorff ist erleichtert. Sie braucht noch ein bisschen, bis sie wieder in ihren Redefluss kommt.

„Ich habe das Programm hier in Stichpunkten für Sie zusammengefasst“, und teilt dann Kopien an die Eltern aus.

Detailliert erklärt Paula Pagelsdorff anhand der Stichpunkte, wann es mit dem Zug ab Wuppertal losgehen wird, wann die Kinder am Hauptbahnhof in Berlin ankommen werden, dass das Jugendgästehaus nur wenige hundert Meter vom Bahnhof entfernt liegt. Im Jugendgästehaus stünden 3- und 4-Bett-Zimmer zur Verfügung, jeweils mit eigener Dusche und WC. Das Essen sei hervorragend, hätten Kollegen berichtet, die bereits öfter dort gewesen seien.

Eine Mutter will wissen, ob auf Laktoseunverträglichkeiten oder ähnliche Esseinschränkungen Rücksicht genommen werden könne. Frau Pagelsdorf sagt, dass sie davon ausginge, dass das kein Problem sei, sie würde sich aber noch einmal explizit darum kümmern und vorher eine entsprechende Abfrage unter den Schülern durchführen.

Zurück zum Programm. Am Dienstag wird es zu Fuß über die Moltkebrücke zum nahegelegenen Spreebogen gehen, dann am Kanzleramt vorbei zum Reichstag. Hier wird es zunächst eine Führung geben, bevor die Schüler den Bundestagsabgeordneten für den Rheinisch-Bergischen Kreis, Herrn Dr. Tebroke, treffen werden, um ihm Fragen zur aktuellen Politik stellen zu können.

Anschließend wird die Gruppe zum Brandenburger Tor und dann entlang der Straße des 17. Juni durch den Tiergarten zur Siegessäule und zurück zum Gästehaus spazieren.

Am nächsten Tag wird der geschichtliche Fokus auf der Nazizeit liegen. Eine Führung durch das Stelenfeld des Denkmals für die ermordeten Juden Europas steht am Anfang. Danach nehmen die Schüler an einer Lesung teil. Bewegende Passagen aus dem Buch „Liebe ist stärker als die Zeit“, in der die Autorin Leslie Maitland die Geschichte ihrer jüdischen Mutter in Nazi-Deutschland, ihrer Flucht, aber auch ihrer alles überdauernden Liebe erzählt, werden vorgestellt.

Donnerstag wird die Teilung Deutschlands und Berlins das Tagesthema sein. Nach einer Führung durch die Gedenkstätte Berliner Mauer an der Bernauer Straße wird es am Checkpoint Charly vorbei zu der Panoramaausstellung „The Wall“, einem multimedialen Spektakel über die Berliner Mauer, gehen.

Zwar wären auch die Strecken am Donnerstag gut zu Fuß zu bewältigen, aber damit die Schüler auch mal einen Eindruck vom öffentlichen Verkehrssystem einer Großstadt bekämen, werde man mit Straßen- und U-Bahnen unterwegs sein.

Freitag sei dann auch schon der Rückreisetag, und man werde so gegen 15 Uhr am Wuppertaler Hauptbahnhof ankommen.

Je länger Frau Pagelsdorff vorträgt, desto offensichtlicher wird, dass die Schule ein wirklich interessantes und dichtes Programm für die Schüler auf die Beine gestellt hat.

„Haben die Schülerinnen und Schüler denn überhaupt ein wenig Zeit, die Stadt auf eigene Faust zu erkunden?“, will Frau Drexhage noch wissen.

„Ja, da sind immer noch eine Menge Zeiten zwischendurch, in denen die Kinder in kleinen Gruppen selbstständig losziehen können“, kann Frau Pagelsdorff sie beruhigen.

Die Missstimmung zu Beginn des Elternabends hat sich ins Gegenteil verkehrt. An den Gesichtern der meisten Erziehungsberechtigten ist abzulesen, dass sie das Programm für Berlin gutheißen. Herr Bengtson und wenige andere gucken noch skeptisch, weil sie realisieren, dass sie die eingeplanten Punkte bei ihren Kindern heute nicht einfahren können.

„Natürlich müssen wir uns darauf verlassen können, dass die Kinder gegenseitig aufeinander achtgeben, wenn sie ohne Aufsichtspersonen unterwegs sind. Und es muss Ihnen als Eltern klar sein, dass Sie Ihr Kind in Berlin abholen müssen, falls es über die Stränge schlägt, z.B. durch Alkoholkonsum oder Ähnliches“, muss Paula noch die obligatorische Warnung aussprechen.

Den Zwischenruf eines Vaters: „Aber ein Glas Bier muss schon mal drin sein, schließlich ist das doch eine Klassenfahrt“, lässt die Klassenlehrerin unkommentiert.

„Wenn zu diesem Punkt keine Fragen mehr sind, möchte ich mit der Tagesordnung fortfahren …“

Am nächsten Mittag kommt Caspar gegen Viertel vor zwei aus der Schule. Jennifer hat für ihn seinen Lieblingsburger besorgt und für sich einen Salat. Die beiden anderen Kinder sind noch in der Schule bzw. der Kita und kommen später heim.

„Na, da habt ihr euch ja gestern ganz leicht abkochen lassen“, beginnt Caspar mit Vorwürfen, noch bevor er am Tisch sitzt.

„Wir wollten doch nach Mallorca, das wusstest du, das wussten alle Eltern. Aber ihr habt ja schnell klein beigegeben. Dean hat voll auf seine Mutter geschimpft, die Frau Pagelsdorff auch noch den Rücken gestärkt hat.“

„Aber es war doch schon alles gebucht. Was hätten wir denn da noch machen sollen?“

„Was weiß ich. Vielleicht hätte man ja irgendeinen Formfehler finden können, weswegen man die Buchung noch hätte rückgängig machen können. So macht Papa es doch auch häufig, wenn ein Mandant auf verlorenem Posten steht.“

„Ja, mag sein, Möglichkeiten gibt es immer. Aber am Ende fanden wir Eltern sehr gut, was man euch in Berlin alles zeigen will.

Nach Mallorca können wir ja auch so mal wieder fliegen. Das ist doch nicht aus der Welt…“

„Aber, Mama, das ist doch was ganz anderes. Mit der Klasse wäre das echt cool geworden. Das kann man doch nicht mit einem Familienurlaub vergleichen.“

Caspar hat seine eigene Idee, was richtig gewesen wäre, und lässt sich auch von den besten Argumenten nicht beeindrucken. Fast hat man den Eindruck, dass es gar nicht mehr um die Sache geht, sondern nur noch darum, die eigene Vorstellung gegenüber der Schule und den Eltern durchzusetzen.

„Ja, das nennt man wohl Pubertät“, denkt Jennifer.

„Aber jetzt mal was ganz anderes“, wechselt Jennifer ad hoc das Thema, „Frau Pagelsdorff hat mich für Montag in die Schule bestellt. Weißt du, was sie von mir will? Es ginge um deine Noten, sagt sie.“

„Keine Ahnung, hab keine Idee. Geh einfach hin, wird schon nichts Schlimmes sein.“

Ja, und auch das ist wohl die Pubertät: Keine Vorstellung, was wirklich wichtig sein könnte.

Montag, 27. Mai

Frau Pagelsdorff bittet zum Elterngespräch

Nach dem Ende der Pflegschaftsversammlung hatte Frau Pagelsdorff Jennifer angesprochen und zu einem dringenden Gespräch in die Schule eingeladen. Es gehe um Caspars schulische Leistung und damit um seine Versetzung.

13.50 Uhr: Jennifer sitzt immer noch im Sekretariat von Frau Örlinghaus und wartet, dass Frau Pagelsdorff kommt und sie endlich erlöst. Die Sekretärin mustert sie ständig mit ihrer gouvernantenhaften, überheblichen Art. „Hat die denn keine Büroarbeiten zu erledigen", fragt sich Jennifer. Nein, hat sie nicht, denn eigentlich hat sie bereits seit 50 Minuten Feierabend. Aber wegen solcher Gefälligkeiten wie jetzt für Paula Pagelsdorff sitzt sie noch hier und ihr Überstundenkonto baut sich weiter auf, ohne Chance, es jemals ausgeglichen zu bekommen. „Am Ende", so denkt Jutta Örlinghaus, „läuft es wieder darauf hinaus, dass meine Überstunden verfallen".

Hektisch stürmt Paula Pagelsdorff ins Büro und wendet sich sogleich Jennifer zu:

„Verzeihung, dass Sie warten mussten, aber es gab noch eine dringende Klassenangelegenheit zu klären. Bitte kommen Sie mit in meinen Lehrerraum, da sind wir ungestört."

Frau Pagelsdorff nickt der Sekretärin zu und meint, damit ausreichend Dank zum Ausdruck gebracht zu haben, dass diese Frau Hassel-Meyer so lange unterhalten hat. Aber Frau Örlinghaus verlangt mehr Wertschätzung:

„Ich gehe dann jetzt, habe sowieso schon wieder Überstunden wegen Ihnen machen müssen. Vielleicht können Sie in Zukunft Ihre Termine mal anders legen.“

„Oh, das tut mir leid, das wusste ich nicht. Aber ich muss jetzt. Ihnen einen schönen Nachmittag“, verschwindet Paula mit Jennifer schnell, um der fälligen Diskussion zu entgehen.

Im Lehrerraum angekommen, bittet die Lehrerin Jennifer, ihr gegenüber am Schülertisch vor dem Lehrerpult Platz zu nehmen. Jennifer sitzt auf einem Schülerstühlchen und fühlt sich klein.

„Ich will es kurz machen, Frau Hassel-Meyer. Sie hatten ja den blauen Brief zu Monatsbeginn erhalten, und ich hätte mir gewünscht, dass Sie von sich aus auf mich oder die Kollegen zugekommen wären.“

„Blauer Brief?“, denkt Jennifer, „nicht angekommen, war Caspar wohl wieder schneller und hat seine Fälscherkompetenz ausgespielt.“ Sie sagt lieber nichts dazu.

„Caspar ist noch lange nicht durch. Seine Leistungen in Deutsch und Englisch stehen weiterhin auf der Kippe, sagen mir die Kollegen. Die Förderempfehlungen, die Sie mit dem letzten Zeugnis erhalten hatten, sind leider von Caspar und Ihnen auch ignoriert worden. Die Fehlzeiten sind zwar deutlich zurückgegangen, aber das alleine scheint nicht zu reichen, damit Caspar den sicheren Hafen der Versetzung erreicht. Er hat die beiden ersten Arbeiten jeweils mit einem Mangelhaft abgeschlossen, wie Sie hoffentlich wissen?“, guckt Frau Pagelsdorff Jennifer fragend an. Jennifer weiß natürlich wieder mal nichts über die schlechten Noten. Ach, ist Schule anstrengend, wenn man immer hinter den Kindern her sein muss.

Als keine Reaktion kommt, denkt sich Paula Pagelsdorff ihren Teil und das nicht zu Unrecht. Sie fährt fort:

„Und seine mündlichen Beiträge gehen gegen Null. Wenn er die jeweils zweite Klassenarbeit nicht mindestens vier schreibt, dann wird es eng.“

„Aber es gibt doch immer drei Klassenarbeiten je Schulhalbjahr“, wagt Jennifer jetzt einen Einspruch.

„Nein. Im achten Schuljahr wird zu Beginn des zweiten Halbjahres immer die sogenannte Lernstandserhebung durchgeführt. Hat Ihnen Caspar davon nichts erzählt? Na, wie auch immer. Das ist jedenfalls der Grund, weswegen in diesem Halbjahr nur zwei Klassenarbeiten je Hauptfach geschrieben werden. Es kommt also auf die zweite Klassenarbeit in Deutsch und Englisch an. Und die werden beide in den nächsten 14 Tagen geschrieben. Also höchste Zeit, das Ruder herumzureißen.“

„Ups, wie soll das denn klappen. Ich bin nicht die Richtige, ihm zu helfen. Ich habe selbst nur die Mittlere Reife. Und woher kriege ich so schnell eine Nachhilfe? Das überfordert mich jetzt komplett.“

„Ja, aber der Schuss war ja nicht zu überhören! Da hätten Sie viel früher aktiv werden müssen.“

„Aber Sie hatten doch gesagt, dass Sie mich anrufen, wenn irgendwas ist.“

„Nun bitte ich Sie aber!“, muss Frau Pagelsdorff aber nun bestimmt werden und wieder nicht zu

Unrecht: „Halbjahreszeugnis, anschließendes Elterngespräch, Fünfen in den Klassenarbeiten, Blauer Brief, was hätte denn noch passieren müssen, damit Sie und Caspar wach werden?“, regt sich Paula Pageldorff jetzt auf, was sonst nicht ihre Art ist.

„Und Sie hätten mich ja auch von sich aus anrufen können.“

„Aber ich habe doch Ihre Nummer gar nicht!“

„Also, bitte! Dann ruft man eben in der Schule an!“

Jennifer schweigt betreten. Wie sie da auf ihrem Schülerstühlchen sitzt, den Blick nach unten, wie eine gescholtene Pennälerin, tut sie Paula im nächsten Augenblick schon wieder leid. Paula kann verstehen, dass niemand ohne Not die Nummer der Schule wählt, in dem Wissen, Frau Örlinghaus am Apparat zu haben.

„Dean und Caspar sind doch recht dicke miteinander. Vielleicht können die beiden sich gemeinsam auf die bevorstehenden Arbeiten vorbereiten. Dean ist ja in beiden Fächern recht gut. Aber Sie“, betont sie das ‚Sie‘, „müssen irgendwie gewährleisten, dass die beiden, wenn sie zusammen sind, auch wirklich üben.“

„Das ist ein hervorragender Vorschlag“, hellt sich Jennys Gesicht wieder auf, „Dean scheint mir verlässlich. Ich kenne auch seine Mutter recht gut. Vielleicht fällt meinem Mann und mir auch eine kleine Belohnung für Dean ein, für den Fall, dass er zustimmt.“

Am nächsten Tag ruft Jennifer Belinda Terodde an. Belinda, die Mutter von Dean, arbeitet als Freelancerin im Modebereich. Ihr Einkommen ist, das hat sie Jennifer schon einmal erzählt, starken Schwankungen unterlegen. Das Gute ist aber, dass Belinda von zu Hause aus arbeiten kann und eigentlich immer erreichbar ist.

„Hallo Belinda, hier ist Jennifer. Wie geht es dir?"

„Hallo Jenny, ach, das ist aber schön, dass du mal anrufst. Bei mir ist alles im grünen Bereich. Es könnten ein paar mehr Aufträge sein, aber irgendwie komme ich schon über die Runden. Wie geht es bei euch? Ich habe gehört, Melinda geht auch aufs Gymnasium. Hoffentlich kommen Melinda und Romy in dieselbe Klasse, das wäre schön."

„Ja, Melinda geht auch zum Gymnasium und Herr Schnalt hat versprochen, dass die beiden Mädchen in dieselbe Klasse kommen. Wir werden sehen.

Na ja, was soll ich sagen, wir machen uns Sorgen um Caspar. Hat Dean nichts erzählt?"

„Nein, Dean erzählt nicht viel von der Schule. Ich weiß nicht, wovon du sprichst. Was ist denn?"

„Nun, Caspars schulische Leistungen lassen arg zu wünschen übrig und Frau Pagelsdorff meint, es könnte eng werden mit seiner Versetzung. Deutsch und Englisch machen ihm Probleme. Frau Pagelsdorff hat gesagt, ohne Nachhilfe würde das nichts. Und wo soll ich denn so schnell eine Nachhilfe herbekommen. Und da hat Frau Pagelsdorff vorgeschlagen, ob nicht Dean unserem Caspar ein bisschen helfen könnte. Die beiden verstehen sich doch ganz gut, und Dean könnte sich ein paar Euros verdienen, wenn er mit Caspar lernt. Was denkst du darüber?"

„Das klingt für mich erst einmal vernünftig, aber natürlich muss Dean das entscheiden. Das kann ich ihm nicht aufdrücken. Ich werde das mit ihm besprechen. Hast du eine Idee, wie viele Stunden pro Woche nötig sind? Soll Dean dann zu euch kommen? Da wir hier eher beengt wohnen, wäre das, glaube ich, das Beste. Ja, und für die Motivation wäre es auch wichtig zu wissen, wie viel er für die Nachhilfestunde dann bekommt."

„Ja, wir können das alles so machen, wie es für dich und Dean passt. Gerne können die beiden hier in Caspars Zimmer lernen. Damit die beiden nicht die Lust verlieren, sollten wir vielleicht mal gucken, ob eine Stunde pro Tag ausreicht, oder? Es geht ja erst einmal nur um die nächsten Klassenarbeiten und dann sehen wir weiter.

Ich habe zwar noch nicht mit Carl-Michael gesprochen, aber ich sage jetzt mal 20€ pro Stunde zu. Ich denke, dass das angemessen ist. Was meinst du?"

„Ist das nicht ein bisschen viel? So viel bekomme ich ja kaum!"

„Ach Belinda, ich will unbedingt, dass das klappt. Bitte nehmt das Angebot an. Bitte überrede Dean, bitte, bitte. Es ist mir wirklich wichtig!"

„Okay, ich habe verstanden. Dean wird sicher nicht ablehnen, das ist für ihn auch eine Menge Geld. Und ich werde ihm ins Gewissen reden, dass er dafür auch wirklich was leisten muss. Und Caspar ist ihm ja auch wichtig, wichtig, dass er weiterhin mit ihm in eine Klasse geht. Ich glaube, das wird schon was werden. Geh mal erst davon aus."

„Ich bin dir so dankbar", säuselt Jennifer.

Caspar und Dean sind natürlich einverstanden: 20€ dafür, dass sie noch mehr Zeit miteinander verbringen können. Wie cool ist das denn!

Jennifer erzählt Carl-Michael erst an diesem Abend von dem Gespräch mit der Klassenlehrerin und ist stolz, dass sie ganz alleine eine gute Lösung für die prekäre Situation gefunden hat. Carl-Michael ist grundsätzlich einverstanden, nur ein Haar in der Suppe findet er natürlich wieder: „Hättest du beim Stundensatz nicht ein bisschen besser verhandeln können?"

Mittwoch nach der Schule kommt Dean mit Caspar nach Hause. Caspar und Dean haben sich Spaghetti Bolognese zu Mittag gewünscht. Ein Wunsch, den Jennifer leicht erfüllen kann.

Nach dem Mittagessen wollen die beiden erst einmal chillen. Jennifer ist einverstanden, wird aber dann, so droht sie es den beiden an, in einer halben Stunde erscheinen und sie an ihre Pflicht erinnern. Einverstanden.

Als sie dann klopft und den Kopf in Caspars Zimmer steckt, sitzen die beiden bereits am Schreibtisch vor aufgeschlagenen Büchern und schreiben eifrig etwas auf ihre Collegeblocks. Jennifer lässt sich kurz erläutern, was die beiden da machen. Dean erklärt, dass sie If-Clauses für die nächste Klassenarbeit üben müssen. Dazu werden sie jetzt erst nochmal die Übungen im Buch durcharbeiten und dann gegenseitig mit den Lösungen vergleichen. In Jennifers Ohren klingt das, was Dean ihr erklärt, professionell.

„Wann ist die Klassenarbeit?", will sie noch wissen.

„Am Freitag in einer Woche. Deswegen müssen wir uns zunächst auf Englisch konzentrieren“, antwortet Dean.

Jennifer ist zufrieden. Einmal, dass die beiden Jungs eifrig üben, und zum anderen, dass sie der ‚Aufsichtspflicht‘, die Frau Pagelsdorff ihr aufgetragen hat, nachgekommen ist.

„Ich fahre mal kurz einkaufen. Ihr nehmt euch Getränke, wenn ihr Durst habt, ja?“

„Alles klar, tschüss“, steckt Caspar seinen Kopf schon wieder in sein Buch.

„Wie eifrig er sein kann“, denkt Jennifer und macht sich auf den Weg.

Als sie nach anderthalb Stunden wieder kommt, sitzen die beiden auf der Terrasse, jeder mit einer Flasche Bier in der Hand.

„Als ich euch Getränke angeboten hatte, habe ich nicht Alkohol gemeint“, zischt Jennifer ihren Sohn an.

„Chill mal. Wir haben bis gerade gepaukt, Mama. Es war sehr effektiv.“

Caspar steht auf und drängelt seine Mutter in die Küche.

„Wir haben fast zwei Stunden wirklich intensiv gelernt. Da kannst du Dean heute nicht mit 20€ abspeisen. Das wäre unfair.“

„Und ist denn was bei dir hängengeblieben? Es geht ja nicht nur um die Zeit.“

„Ich habe alles verstanden. Also, ich finde 30€ wären schon gerechtfertigt, Mama.“

„Wenn ihr wirklich fleißig wart, dann soll es so sein. Hier sind 30€.“

Sie ruft Dean ein „Lieben Dank für deine Hilfe, Dean!“ zu.

In den nächsten Wochen üben die beiden Jungs intensiv, so ist jedenfalls Jennys Eindruck. Es müsste doch mit dem Teufel zugehen, wenn Caspar die beiden Klausuren nicht besteht. Er ist ja schließlich auch kein ganz Dummer.

Und tatsächlich kommt er in der übernächsten Woche mit einer Vier in der Englischarbeit nach Hause, die er Jennifer stolz präsentiert:

„Na, das sollte dann wohl für die Vier auf dem Zeugnis reichen“, zeigt sich Caspar stolz auf das Erreichte.

Freitag, 12. Juli

Es gibt Zeugnisse

Zeugnistag. Hoffentlich ist Caspar die Versetzung gelungen. Nach dem guten Start mit Dean hatte Jennifer die Kontrolle der Lernaktivitäten der beiden Jungs mehr und mehr vernachlässigt. Haben die beiden nicht verdient, dass man ihnen vertraut? Aber Caspar hatte ihr nichts von der letzten, entscheidenden Deutscharbeit berichtet. Sie ist sich also nicht sicher, was sie erwarten kann.

Melissa kommt um elf Uhr nach Hause. Das Mädchen ist fröhlich wie immer.

„Geschafft!“, tut sie ganz abgekämpft, grinst aber dabei, und Jennifer weiß, wie sie das meint.

„Na, dann zeig mal dein letztes Zeugnis vom ‚Mühlenacker‘ her.“

Die Noten sind in etwa auf dem Stand des Halbjahreszeugnisses geblieben: Deutsch befriedigend, Mathematik und Englisch ausreichend, auch die meisten anderen Fächer sind nur ausreichend. Aber in Musik steht da jetzt eine Eins. Melinda weiß schon, dass andere, vor allem auch ihre Freundin Romy, bessere Noten haben. Aber sie freut sich darüber, dass sie es in Musik auf die Eins geschafft hat. Für sie ist eben das Glas immer halb voll. „So war ich als Kind auch“, denkt Jennifer. „Als Erwachsener wird das Leben noch anstrengend genug. Soll Melinda ihre Unbeschwertheit genießen, solange sie kann.“

„Ein bisschen traurig bin ich aber auch“, murmelt Melinda jetzt.

Jennifer bezieht das auf die Noten und will ansetzen, ihr Mädchen zu trösten. Aber Melinda geht es um den nun beendeten Abschnitt ihrer Schulzeit.

„Frau Schmalenbach habe ich richtig lieb gewonnen. Die hat mir immer gesagt, wie toll ich mich zur Musik bewegen kann. Die Frau Schmalenbach wird mir fehlen, Mami. Und auch die anderen Mädchen aus der Klasse werden mir fehlen.“

Aber im Nu hellt sich ihr Gesicht schon wieder auf.

„Aber Romy bleibt mir ja, meine beste, beste Freundin. Und auch die Paulina und die Özlem gehen ja zum Gymnasium. Und wenn ich Glück habe, kommen die vielleicht auch in meine Klasse.“ Dieses Kind findet immer etwas Positives in jeder Situation. „Beneidenswert“, denkt Jenny und ist trotz des mittelprächtigen Zeugnisses stolz auf ihre Kleine.

Es wird zwölf, es wird ein Uhr, aber von Caspar keine Spur. Jennifer macht sich langsam Sorgen. Sie versucht Caspar übers Handy zu erreichen, aber nur seine Mailbox springt an. Ärgerlich. Dann fährt sie eben jetzt mit Melinda alleine zum Essen. Wer nicht will, der hat schon. Eigentlich sollte das Mittagessen bei Toni eine Überraschung für die beiden Kinder werden. Jetzt kommt halt nur Mel in den Genuss.

Gegen drei sind die beiden wieder zu Hause. Sie treffen auf einen entspannten Caspar.

„Fast geschafft“, ist sein Kommentar auf Jennifers Frage nach seinem Zeugnis.

„Was soll das heißen?“

„Na ja, der Saum hat mir in Deutsch die Fünf reingedrückt, der Arsch. Das heißt, dass ich in die Nachprüfung muss. Aber das krieg ich schon irgendwie hin, Mama, keinen Stress."

„Keinen Stress! Und ob ich Stress habe. Was habt ihr nur getrieben, Dean und du? Das kann ja wohl nicht wahr sein. Wie soll ich das deinem Vater beibringen? Der wird toben. Die dreihundert Euro an Dean waren ja dann auch umsonst. Das wird deinen Vater sicher freuen. Der arbeitet so hart für uns und so dankst du es! Ich bin wirklich, wirklich sehr enttäuscht!", endet Jennifer ihre Tirade nun schluchzend.

Caspar nimmt sie in den Arm. Mit seinen 15 Jahren ist er bereits größer als sie.

„Mama, ich kriege das schon hin. Mach dir mal keine Sorgen. Und Papa werde ich das selber verklickern. Und ohne Dean wäre ich ganz bestimmt sitzengeblieben. Der hat wirklich sein Bestes getan. Aber der Saum mag mich eben nicht, der hätte mir auch die Fünf gegeben, wenn ich die letzte Arbeit nicht verhauen hätte."

Was er seiner Mutter verschweigt, ist, dass das Pauken mit Dean nach dem ‚Erfolg' in Englisch zunehmend ‚relaxter' geworden war. Anstelle der Literaturarbeit für die letzte Deutschklausur hatten die beiden das Zocken im Netz immer mehr in den Mittelpunkt gerückt. Und da Jennifer ihre Kontrollen weitgehend aufgegeben hatte, haben Dean und Caspar den Stundenlohn eben fürs Zocken einkassiert und brüderlich geteilt. Dean hatte auch nur ein Ausreichend in der letzten Deutschklausur geschafft, für ihn eine miserable Note.

Jennifer weint in den Armen ihres Jungen. Müsste es nicht umgekehrt sein, fragt sie sich? Müsste nicht Caspar am Boden zerstört sein, und wäre es nicht ihre Aufgabe, dann ihn zu trösten?

Nachdem sie sich ein wenig gefangen hat, nimmt sie das Angebot an:

„Ja, du hast recht. Warum soll ich mich immer der schlechten Laune deines Vaters aussetzen. Du hast doch die Versetzung nicht geschafft, also musst du ihm gegenüber dafür Rechenschaft ablegen, nicht ich."

Doch Carl-Michael lässt heute auf sich warten. Erst gegen 9.30 Uhr hört Jennifer seinen Schlüssel in der Haustür. Curd-Jürgen und Melinda schlafen bereits und Caspar ist auf seinem Zimmer.

„Schatz, ich bin wirklich fertig heute. Bitte nur noch ein wenig Abendbrot vor der Flimmerkiste, und dann falle ich nur noch so ins Bett. Und morgen muss ich auch arbeiten. Ich will so gegen 9 im Büro sein. Wir vertreten RWE gegen diese roten Umweltterroristen. Und da muss alles stimmen in der nächsten Woche. Dann geht es vor Gericht. Wenn wir das gut machen, dann haben wir RWE an der Angel."

Schon sitzt er im Wohnzimmer und legt die Beine hoch. Er zappt durchs Programm und freut sich, dass Jennifer ihm ein Stück Pizza und ein kühles Bier serviert. Die Pizza war beim Mittagessen übriggeblieben und Jennifer hatte sie einpacken lassen, wohl wissend, dass Carl-Michael sie auch kalt mögen würde.

„Natürlich ist jetzt kein guter Zeitpunkt, um Caspars Nachprüfung zu thematisieren", denkt Jennifer.

Andererseits ist sie wieder einmal enttäuscht, dass die beruflichen Angelegenheiten bei Carl-Michael so weit vor den Familienangelegenheiten stehen, dass er sie zumindest heute verdrängt hat und nicht einmal nach den Zeugnissen der Kinder fragt. Schonfrist für Caspar, der sich gar nicht erst blicken lässt.

Um halb 12 wacht Jennifer auf und wundert sich, dass Carl-Michael noch nicht im Bett liegt. Sie findet ihn schlafend vor dem Fernsehgerät. Gerade als sie den Fernseher ausschalten will, erkennt sie das Gebäude der Wermelsburger Sekundarschule. Sofort ist ihre Aufmerksamkeit geweckt und sie setzt sich auf den Hocker dicht vor das TV-Gerät, um die laufende Dokumentation über die Schulpolitik in NRW im WDR-Fernsehen anzuschauen.

Sie erfährt, dass seit 2002 die Partei, die die Schulministerin stellte, bei der folgenden Landtagswahl immer deutliche Stimmenverluste einfahren musste, so dass jeweils ein Regierungswechsel anstand. Am schlimmsten traf es 2010 die CDU mit Barbara Sommer, die aufgrund der verheerenden Schulpolitik um 10,7% abstürzte.

Die folgende Regierung unter Hannelore Kraft, SPD, und Schulministerin Sylvia Löhrmann von den Grünen feierte sich zwar selbst für den sogenannten Schulfrieden, der am Ende aber in einen Schulkrieg auf kommunaler Ebene mündete. Durch den Wegfall der Verfassungsgarantie für die Hauptschulen und der bindenden Schulempfehlung beim Übergang in die Sekundarstufe I wurden die Hauptschulen schnell zu Restschulen und hatten kaum noch Überlebenschancen. Das dreigliedrige Schulsystem hatte schnell nur zwei Säulen und fing an zu kippen. Beschleunigt wurde das Ganze durch die von Frau Löhrmann in die Kommunen entsandten Schulentwicklungsberater, die nur einen Auftrag hatten: Sie sollten Kommunen in der Größenordnung von Wermelsburg überzeugen, dass aufgrund des demografischen Wandels ein Festhalten am dreigliedrigen Schulsystem nicht machbar sei und Haupt- und Realschulen zu schließen seien. Dafür sollten allerorten neue Sekundarschulen entstehen. Und viele Kommunen sprangen auf diesen Zug auf. Die Haupt- und Realschulen liefen aus, was bedeutete, dass sie ab dem entsprechenden Stadtratsbeschluss keine neuen Schüler mehr aufnehmen durften. Die bestehenden Jahrgänge wurden aber noch bis zum regulären Abschluss nach Klasse 10 geführt, was wiederum hieß, dass dieser sogenannte Auslaufprozess an jeder Schule sechs Jahre dauerte. Parallel dazu wurden dann meist Sekundarschulen aufgebaut, die mit Jahrgang 5 starteten und erst nach sechs Jahren die ersten Schüler zum Abschluss geführt hatten. Damit schließt sich der Kreis und die Dokumentation blendet wieder das Wermelsburger Schulgebäude vom Anfang ein, und der Redakteur fragt, wie lange die Wermelsburger Sekundarschule noch Bestand haben wird. Der Blick auf die Entwicklung der Schülerzahlen jedenfalls, so der WDR-Redakteur, verheiße nichts Gutes, denn die sind von Jahr zu Jahr rückläufig. „Und was wird dann?“, fragt der Redakteur zum Abschluss.

Jetzt ist Jenny vollends überzeugt, dass es richtig war, Melinda am hiesigen Gymnasium anzumelden.

Und Schulleiter Schnalt hatte ja zudem hoch und heilig versprochen, Melinda zu fördern.

Jennifer hat ihren Wecker auf sieben Uhr gestellt. Sie bereitet ein Frühstück mit Rührei und frischen Brötchen vor. Dann kann Carl-Michael zu Hause frühstücken und entspannt ins Büro fahren.

Wenig später weckt sie ihren Mann, der sich über den schön gedeckten Tisch und das Frühstück zu zweit zu freuen scheint. Die Kinder schlafen noch. Gemeinsam genießen sie die erste Tasse heißen Kaffees. Mit Brötchen im Mund fragt Michael:

„Ich habe gestern gar nicht nach den Zeugnissen gefragt. Aber es scheint ja alles im grünen Bereich zu sein, sonst hättest du ja bestimmt was gesagt, oder?"

„Du warst gestern Abend so müde, deswegen wollte ich die Zeugnisse nicht ansprechen. Um ehrlich zu sein, haben sich unsere Kinder seit den Halbjahreszeugnissen nicht wesentlich verbessert. Erfreulicherweise hat es Melinda in Musik auf eine Eins geschafft. Und Caspar wird dir selbst erklären, warum sein Zeugnis nicht so blendend ist."

„Mit anderen Worten, Caspar hat´s versemmelt, oder? Das ist doch großer Mist, Jennifer. Ich dachte, du hättest das im Griff, sonst hättest du doch was gesagt. Und jetzt?"

Aber er lässt Jennifer keine Zeit für eine Antwort.

„Ich muss das aber zurückstellen und darf mich jetzt nicht aufregen. Der Prozess nächste Woche ist viel zu wichtig und darauf muss ich mich konzentrieren. Wir sprechen heute Abend, klar?", ist Carl-Michael sehr bestimmt.

Jenny denkt: „Und wieder habe ich den schwarzen Peter, immer ich.“ Erziehungsberechtigt heißt eben auch erziehungsverantwortlich. Das gilt allerdings gleichermaßen für den männlichen Erziehungsberechtigten.

Am Abend ist Carl-Michael erneut zu müde, um sich mit dem Zeugnisthema zu beschäftigen. So kommt es erst am Sonntagmorgen zum Gespräch am Frühstückstisch:

„Was ist denn nun mit Caspars Versetzung?“, beginnt Carl-Michael. Es scheint, als wenn er sich bereits mit der Nichtversetzung abgefunden hätte.

„Nun, er hat sich zwar in Englisch verbessert, aber in Deutsch hat es trotz des Übens mit Dean nur zu der Fünf gereicht. Das bedeutet, dass er zunächst nicht versetzt ist. Aber er kann die Versetzung noch durch eine bestandene Nachprüfung am Ende der Ferien schaffen. Herr Saum, sein Deutschlehrer, hat ihm dafür bereits eine Themenliste erstellt, die er abarbeiten muss.“

„Also kann es mit seiner Versetzung noch was werden, wenn ich das richtig verstehe, ja? Was sollten wir beide deines Erachtens denn jetzt tun, um ihn zu unterstützen?“

„Ich denke, wir sollten uns um eine professionelle Nachhilfe für ihn kümmern. Dean als sein Freund kann ja nicht richtig drängen. Wenn Caspar keine Lust auf Lernen hat, dann kann Dean wenig ausrichten. Da müssen jetzt Profis ran. Das ist meine Einschätzung.“

„Ja, das mag sein, das kann ich verstehen. Gut, dann gucke ich, dass ich ein Nachhilfeinstitut beauftrage. Gib mir die Themenliste, damit ich denen sagen kann, worauf es ankommt. Aber es reicht doch, wenn die nach unserem Mallorca-Urlaub beginnen, oder? Wir fliegen ja schon in einer Woche."

„Ja, vorher macht es keinen Sinn, das denke ich auch."

Jennifer ist erstaunt, wie das Gespräch heute abgelaufen ist. Und dass sich Carl-Michael kümmern will, ist wohl als sein Eingeständnis zu werten, dass er sich genauso für die Kinder verantwortlich fühlt.

Familie, und damit auch die Schule der Kinder, ist eben auch Teil seines Lebens.

Sonntag, 21. Juli

Urlaub auf Mallorca – mit Nachhilfe

Am Sonntagmorgen fährt Carl-Michael seine Familie zum Flughafen Köln-Bonn. Nachdem sie Dean zu Hause abgeholt haben, hält Carl-Michael mit dem VW Touareg vor Terminal 1 des Flughafens. Er hilft Jennifer, den drei Kindern und Dean das Gepäck auszuladen. Dann fährt er den Wagen zum Parkhaus für Kurzzeitparker. Der Germanwings-Flug startet um 13.43 Uhr nach Palma de Mallorca.

Alles war ganz anders geplant gewesen: Nachdem die Klassenfahrt der 9c nach Berlin und nicht, wie von den Schülern gewünscht, nach Mallorca gehen sollte, hatte Familie Meyer den Familienurlaub im Sommer auf Mallorca gebucht. Zwar war das nicht dasselbe wie eine Klassenfahrt, aber immerhin schien dieselbe Sonne. Und es sollte auch nicht zum Ballermann gehen, sondern in einen Club im Osten der Insel, genauer gesagt nach Cala Millor.

Carl-Michael hatte sich dann in der ersten Ferienwoche so sehr in die RWE-Sache verstrickt, dass er den Urlaub hätte verschieben müssen. Wie immer ging die Arbeit vor. Und auch um die Nachhilfe hatte er sich noch kein bisschen gekümmert. Daraufhin war Jennifer die Hutschnur geplatzt und sie hatte entschieden, dass sie und die Kinder eben ohne Carl-Michael fliegen würden. Und Carl-Michaels freien Platz sollte Dean einnehmen. Damit wäre dann auch das Nachhilfeproblem gelöst, nicht perfekt, das wussten sowohl Jenny als auch Carl-Michael, aber beide empfanden es am Ende als die beste Lösung.

Jennifer würde mit Melinda und Curd-Jürgen das eine Doppelzimmer belegen und die beiden Jungs würden sich das zweite Zimmer teilen. Das hatte dann zu guter Letzt für die beiden doch noch ein bisschen das Flair einer Klassenfahrt.

Carl-Michael bringt seine Familie zum Gate und wartet geduldig mit ihnen bis zum Check-in. Er verabschiedet sich von Jennifer, Melinda und Curd-Jürgen mit einem Küsschen, bei Caspar nur mit einem Klaps auf die Schulter, alles andere wäre seinem Ältesten zu peinlich. Dean gibt er die Hand. Er entschuldigt sich nochmals bei Jennifer, die ihm schon gar nicht mehr böse sein kann. Schließlich kümmert er sich ja um den finanziellen Rahmen, der alles erst möglich macht, auch diesen 14-tägigen Urlaub hier. Jedes Ding hat wohl mindestens zwei Seiten, kommt es ihr in den Sinn. Und dann ist er weg, und die Reisegesellschaft sitzt im Flieger.

Fünf Stunden später, gegen 19 Uhr, sind sie endlich im Hotel. Mit dem Gepäck und dem Transfer vom Flughafen zum Hotel ist alles reibungslos verlaufen. Auch Curd-Jürgen hat die Reise erstaunlich gut verkraftet. Er hatte sowohl im Flieger als auch im Shuttlebus geschlafen. Jetzt sind alle, bis auf Curd-Jürgen, müde und ziehen sich erst einmal auf die Zimmer zurück, bevor es um acht zum Abendessen geht.

Das Buffet bietet für jeden etwas und so findet der Anreisetag einen guten Abschluss. Curd-Jürgen hat ein kleines Tablet mit seiner Lieblingszeichentrickserie vor der Nase, damit er beim Essen nicht quengelig wird. Dermaßen abgelenkt schiebt ihm Jennifer von Zeit zu Zeit einen Bissen in den Mund.

Am nächsten Morgen ist Ausschlafen angesagt. Auch das Frühstücksbuffet ist üppig und so sitzt die Familie mit Dean noch um halb zwölf im Restaurant, Curd-Jürgen wieder, wie zu jeder Mahlzeit, mit seinem Lieblingsfilm auf dem Tablet.

Bei dem schönen Sonnenschein und den hohen Temperaturen soll der erste Ferientag, so beschließen alle, ein Strandtag werden, ausnahmsweise ohne Lernen für Caspar und Dean.

Zwar sind sie spät dran, aber der hoteleigene Strand verfügt über ausreichend Liegen und Sonnenschirme. Während die Jungs abwechselnd chillen oder sich im Wasser vergnügen, bauen Melinda und Curd-Jürgen eine Sandburg. Entspannt kann sich Jennifer dem Buch widmen, das sie vor der Abreise gekauft hat: „Kinder sollen Kinder sein!“ ist der Titel des Autors Dr. Thomas Sommer. Die Tirade von Hans-Peter Wurth, dem ehemaligen Schulleiter des LEG, im März bei der Anmeldung von Melinda hatte sie neugierig auf die Thesen Sommers gemacht.

Bei Dr. Sommer war ihr zunächst die BRAVO eingefallen. Sie hatte gegoogelt, ob der eine Dr. Sommer möglicherweise mit dem anderen, dem Aufklärungsratgeber-Dr.-Sommer aus der BRAVO, verwandt sei. Nach den ersten Hinweisen im Netz war ihr aber dann wieder eingefallen, dass hinter dem BRAVO-Dr.-Sommer eine ganze Redaktion steckte und Dr. Sommer eben nur ein ausgedachter Name war, der den Heranwachsenden ein konkretes und persönliches Gegenüber suggerieren sollte.

Dr. Thomas Sommer hingegen ist kein Pseudonym. Er existiert wirklich und führt eine kinderpsychiatrische Praxis in Königswinter. Dr. Sommer in Königs-Winter, erlaubt sich Jenny ein kleines Wortspiel.

Sie beginnt zu lesen. Viele Eltern würden ihre Kinder als kleine Erwachsene behandeln und sie damit heillos überfordern, ist eine erste These, die Sommer in seinem Buch aufstellt. Man könne aber nur Menschen, die eine abgeschlossene kognitive Entwicklung durchlebt hätten, als erwachsen ansehen und sie so behandeln. Aber wie funktioniert die psychische Entwicklung, die, wenn Schritt für Schritt durchlaufen, zum Erwachsensein führt?

Sommer verweist zunächst auf die Arbeiten von Jean Piaget, nach seinen Worten einem der bedeutendsten Entwicklungspsychologen, und erklärt in verständlicher Weise dessen Stufenmodell. Bei Jennifer bleibt hängen, dass Kinder die Anleitung von und Orientierung an Erwachsenen, zunächst an den Eltern brauchen, um diese Stufen Schritt für Schritt zu erklimmen. Verweigern Eltern diese Orientierung, indem sie ihre Kinder zu früh wie Erwachsene behandeln, bleiben die Kinder auf einer unteren Stufe stehen. Dies gilt nicht nur für das Lesen- oder Schreibenlernen. Es gilt beispielsweise auch für Anstrengungs- und Leistungsbereitschaft. Diese Tugenden scheinen den Menschen nicht in die Wiege gelegt, sprich, nicht genetisch verankert zu sein.

Vollkommen vertieft in ihr Buch wird Jennifer durch Melinda aus ihren Gedanken gerissen:

„Mama, guck mal, meine Haut ist schon ganz rot. Ich will jetzt lieber hier bei dir im Schatten bleiben…“

„Wo ist denn Curd-Jürgen?“, fragt Jennifer panisch. Irgendwie hatte sie sich darauf verlassen, dass Melinda sich wie eine Erwachsene um ihn kümmert.

Melinda deutet zum Strand und beide müssen mit anschauen, wie Curd-Jürgen mit Schäufelchen und Eimer in der Hand gerade in die Wellen stapft. Die erste kleine Welle reißt ihm die Beinchen weg und die nächste Welle schwappt über den kleinen Kerl. Gott sei Dank reagiert eine Frau in rotem Badeanzug sofort und hebt den Jungen aus dem Wasser. Jennifer hört das Geschrei ihres Jüngsten bis zu ihrem Platz. Jetzt erst weicht ihre Lähmung und sie sprintet los. Sie wäre definitiv zu spät gekommen. Sie nimmt das Kind an sich, drückt es an ihre Brust, aber das Geschrei von Curd-Jürgen hört nicht auf. Was für eine laute Stimme ihr Kleiner doch hat. Über sein Geschrei hinweg bedankt sie sich bei der Dame im Badeanzug vieltausendmal. Die Dame guckt freundlich und nickt, versteht aber scheinbar kein Wort Deutsch. Viele Badegäste starren sie an, wie sie mit ihrem weinenden Kind zurück zu ihrer Liege stapft.

Dort mault sie jetzt Caspar an:

„Du könntest als großer Bruder auch mal die Augen offen halten, aber du steckst ja nur noch in diesem Ding da drin!“, und meint damit sein Handy.

„Und offensichtlich steckst du nur noch in deinem Buch da drin“, kontert Caspar nicht ganz zu Unrecht, wie Jenny sich eingestehen muss. Schließlich ist sie die Mutter, die sich zuallererst kümmern muss. Dr. Sommer hat Recht.

„Mel, mein Schatz, du kannst Curd-Jürgen nicht einfach alleine lassen. Der weiß noch nicht, wie gefährlich solch ein Meer ist. Da muss man auf den aufpassen. Du hast gesehen, wie schnell das geht, und schwups ist er weg, ja?“, versucht sie ihrer Kleinen die Situation zu erklären. Aber es hilft alles nichts: Mel ist nicht verantwortlich und auch Caspar nicht. Sie alleine trägt die Verantwortung, und der ist sie nicht gerecht geworden, weiß Jennifer im Innersten sehr wohl.

Alle Beschwichtigungsversuche mit „Schscht, mein kleiner Liebling“ nutzen nichts. Erst als Curd-Jürgen so erschöpft vom vielen Schreien ist, geht das laute Schreien in Schluchzen über. Jennifer bemüht sich weiterhin mit „Schscht, schscht“ zu unterstützen, aber es ist die fehlende Energie, die den Kleinen ganz langsam leiser, aber noch nicht ruhiger werden lässt.

Mel sitzt bei ihr und versucht die Hand ihres Bruders zu drücken, aber erst als er langsam müde wird von dem Geschrei, kann sie seine Hand festhalten.

Caspar beschäftigt sich weiter mit seinem Handy. Am liebsten wäre es ihm, nicht mit dem schreienden Kind und seiner Mutter in Verbindung gebracht zu werden. Aber seinen Liegestuhl wegzurücken oder gar wegzugehen, traut er sich auch nicht.

Dean bemüht sich auch krampfhaft, seinen Blick nicht zu Jennifer und den beiden Kleinen zu richten, aber man merkt ihm an, dass ihn der Vorfall mitgenommen hat.

Jennifer weiß, dass sie für das gerade Geschehene verantwortlich ist. Sie ist die Erwachsene, die Mutter, die, wie es Dr. Sommer ausdrückt, die Orientierung geben sollte, aber wieder mal versagt hat. Melinda ist ja noch ein Kind und selbst Caspar mit seinen 15 Jahren besitzt noch nicht die Reife, dass sie sich auf ihn verlassen könnte. Ihre Zweifel, ob sie selbst eine gute Mutter ist, keimen wieder auf. Und wenn sie die Sache Carl-Michael erzählt, dann wird er ihre Zweifel weiter nähren und ihr Vorwürfe machen.

Vielleicht sollte sie es ihm gar nicht erzählen, schließlich kann sie sich seine Reaktion nur zu gut ausmalen. Aber Melinda würde sich irgendwann verplappern oder Caspar sie sogar bei der nächsten Gelegenheit damit erpressen, dass er es Carl-Michael erzählt.

Nein, sie muss es ihrem Mann erzählen, beschließt sie. Und am besten am Telefon hier von Mallorca aus. Zur Not legt sie einfach auf, wenn sie seine Vorwürfe nicht mehr ertragen kann. Und bis sie wieder zu Hause sind, ist dann schon wieder Gras über den Vorfall gewachsen. Ja, so wird es am besten sein.

Jennifer packt die Sachen und ihre beiden Kleinen und macht sich auf den Weg zurück zum Hotel. Mit Caspar und Dean verabredet sie, dass sie sich dann nachher beim Abendessen treffen. Sie lässt ihnen Geld da, damit die beiden sich noch einen Snack gönnen können.

Im Restaurant des Hotels ist für den Abend wieder ein umfangreiches und abwechslungsreiches Buffet angerichtet. Die leckeren Gerichte lenken Jennifer, aber auch die Kinder von dem heute Erlebten ab.

Jennifer schlägt für den nächsten Tag eine Radtour nach Manacor über die Via Verde vor. Fahrräder kann man im Hotel ausleihen.

Jennifer liest von ihrem Smartphone vor, dass es sich bei der Via Verde um eine ehemalige Bahntrasse handeln soll, auf der man komfortabel ohne zu große Steigungen in die Stadt Manacor radeln kann. Die Strecke ist circa 20 Kilometer lang, hat sie über Google Maps herausgefunden. Und in Manacor könne man sich beim Shoppen und Eisessen erholen. Sie verschweigt, dass ihr Interesse der Kunstperlenmanufactur Majorica in Manacor gilt.

Die Jungs erheben keinen Einspruch, klingt es doch für sie so, dass damit das Üben für Caspars Nachprüfung erneut entfällt.

Melinda ist skeptisch, ob sie die Strecke mit dem Fahrrad schafft, aber Jennifer macht ihr Mut. Schließlich haben sie den ganzen Tag Zeit.

Jennifer freut sich, dass ihr Vorschlag gut anzukommen scheint und vor allem, dass er das Erlebnis vom Strand vergessen macht.

Nach dem Essen muss sie Carl-Michael anrufen. Sie schiebt es nicht auf, weiß sie doch, dass dadurch nichts besser oder einfacher wird:

„Guten Abend, Liebster."

„Guten Abend, mein Schatz. Wie war euer erster Tag? Das Wetter muss ja traumhaft sein, wenn stimmt, was meine Wetter-App anzeigt."

„Ja, das ist es. Schade, dass du nicht hier bist."

„Ich bin übrigens noch im Büro. Morgen ist ein wichtiges Abstimmungsgespräch. Deshalb muss ich noch an der Strategie feilen. Aber das soll dich nicht interessieren. Was habt ihr heute so erlebt? Erzähl mal …"

„Wir waren am Strand. Es war erst ganz schön, dann habe ich aber einen Augenblick nicht aufgepasst und schwups war Curd-Jürgen ins Wasser gelaufen. Eine Frau hat ihn gerettet und rausgefischt. Er war schon mit dem Köpfchen unter Wasser, es ist außer dem Schrecken aber nichts passiert."

„Das gibt´s doch nicht!" schreit Carl-Michael die erwartete Reaktion durchs Telefon. „Kann man dich denn keinen Tag mit den Kindern alleine lassen, ohne dass du Scheiße baust!"

„Ja, offensichtlich kann Mann das nicht. Die Frage ist, warum du es dann immer wieder tust!" kontert Jennifer schlagfertig und legt auf. Nicht in diesem Ton.

„Ups", denkt Carl-Michael, „gute Replik. Das darf mir als Anwalt aber nicht passieren. Sonst läuft nicht nur meine Ehe, sondern auch noch die Karriere aus dem Ruder."

Er versucht seine Frau noch einmal telefonisch zu erreichen, um sich zu entschuldigen, aber sie nimmt nicht ab.

Der nächste Tag verläuft wie geplant. Melinda fällt die Fahrt natürlich schwer, aber weil Jennifer immer wieder mit ihr anhält und die vielen unbekannten Pflanzen, Kakteen und Orangenbäume am Wegesrand bestaunt, schafft auch Melinda den Weg letztlich ohne viel Murren. Die Jungs fahren gemeinsam vor und warten von Zeit zu Zeit, dass Jennifer mit den beiden Kleinen, Curd-Jürgen im Kindersitz auf Jennifers Gepäckträger, aufschließt.

In Manacor beichtet Jennifer dann, dass sie sich die Schmuckmanufaktur ansehen will. Weil das die Jungs sicher nicht interessiert, schiebt sie Caspar 50€ zu, damit die beiden sich anderweitig vergnügen können. Sie vereinbaren als Treffpunkt die Kirche mit dem höchsten Turm, den man von nahezu überall aus der Stadt sehen kann.

Jennifer wird bei Majorica fündig und gönnt sich eine Kette und passende Ohrringe.

Am Ende des Tages sind alle erschöpft, aber auch zufrieden mit ihrem zweiten Urlaubstag.

Und so geht es weiter. Das Wetter bleibt sonnig und heiß. Die Tage vergehen mit Lesen, Schwimmen, Chillen, im Fitnessstudio, mit einer Tour entlang der Küste in einem gemieteten Cabrio und einer weiteren Fahrradtour.

Leider ist so nur noch wenig Zeit zum Üben für Caspar und Dean geblieben. Nur drei Vormittage sind es gewesen, als sich die Familie und ihr Anhang wieder auf den Rückflug machen.

Nachdem Carl-Michael sich erst per SMS und dann später auch telefonisch bei Jennifer für sein Aufbrausen entschuldigt hatte, war, wie Jennifer gehofft hatte, der Vorfall mit der verletzten Aufsichtspflicht auch schnell vergessen gewesen. Und so holt Carl-Michael die Fünf 14 Tage später wieder am Flughafen ab.

Montag, 26. August

Caspars Nachprüfung

Wie jedes Jahr finden die Nachprüfungen am LEG am Montag und Dienstag vor Beginn des neuen Schuljahres statt.

Caspar macht zum ersten Mal eine Nachprüfung. Am Montag ist die schriftliche Prüfung. Am Dienstag folgt eine mündliche Prüfung, bei der der Prüfling die Chance erhält, die schriftliche Leistung zu ‚relativieren'. So drückt es jedenfalls Schulleiter Schnalt aus.

Das Thema der Prüfung ist der Roman ‚Tschick' von Wolfgang Herrndorf, dessen Inhalt bereits die letzte Deutschklausur bestimmt hatte. Caspar hatte sich damals das Geld für die Anschaffung des Büchleins gespart und erst recht, die Arbeit es zu lesen.

Und mit Dean hatte er auch nicht mehr für die Prüfung gelernt. Jennifer und ihm, beiden war es zu peinlich gewesen, Dean nochmals um Unterstützung zu bitten, denn eigentlich hatten sie auf Mallorca ja ausreichend Zeit gehabt. Jennifer und Caspar, beide hatten irgendwie stillschweigend gehofft, dass es mit viel Glück schon reichen würde.

Dean hatte ihm wenigstens über die Ferien sein Büchlein geliehen, aber Lesen war nun mal nicht Caspars große Leidenschaft. Zur Vorbereitung auf die Nachprüfung hatte er lieber den gleichnamigen Film von Fatih Akin auf YouTube geschaut. Der hatte ja auch auf der Liste von Lehrer Saum gestanden.

In der schriftlichen Prüfung geht es aber heute um einen Vergleich zwischen Roman und Verfilmung. Jetzt ist Kreativität gefragt. Aber natürlich kann man durch Raten solch eine auf zwei Schulstunden angesetzte Arbeit nicht bestehen, das ist auch Caspar klar. Trotzdem gibt er nicht auf, saugt sich einiges aus den Fingern und schreibt und schreibt. Es reicht aber nur zu der Note mangelhaft.

Caspar ahnt vor der mündlichen Prüfung, dass es eng werden könnte. Die Note der schriftlichen Arbeit erfährt er erst nach beiden Prüfungsteilen.

Am Dienstag um 11.20 Uhr erhält er den Fragenkatalog für die mündliche Prüfung. Jetzt darf er sich eine Viertelstunde damit auseinandersetzen und sich Notizen machen, bevor er vor die Prüfungskommission, bestehend aus Herrn Saum, seinem Deutschlehrer, einem Protokollführer, das ist ein weiterer Deutschlehrer, und dem Schulleiter als Vorsitzendem tritt.

Caspar kann die erste Frage nach einer kurzen mündlichen Zusammenfassung des Romans recht zufriedenstellend beantworten. Das gibt ihm Sicherheit.

Die zweite Frage dreht sich um eine Nebenfigur im Roman, Horst Fricke. Da diese Figur aber im Film gar nicht vorkommt, kann Caspar die Frage auch nicht beantworten. Jetzt wird auch den drei Lehrern klar, dass Caspar sich nur halbherzig vorbereitet hat.

Herr Schnalt flüstert Herrn Saum etwas zu. Er bittet ihn, die Fragen nach dem Unterschied zwischen Film und Buch zu überspringen, damit Caspar noch eine Chance hat.

Schnalt hatte sein Referendariat an einer Gesamtschule in Köln-Höhenberg absolviert. Abgesehen davon, dass an Gesamtschulen die Versetzung bis zur Klasse 9 unabhängig von den Noten die Regel ist, hatte er dort aber auch die Idee kultiviert, dass ausschließlich die Lehrer schuld sind, wenn ein Schüler schlechte Noten hat. Bestärkung erhielt diese Haltung, die an seiner damaligen Schule sowieso vorherrschte, als die Kernlehrpläne in NRW mit ihrem Paradigmenwechsel von der Input- zur Outputorientierung eingeführt wurden. Dieser ideologische Wechsel besagt, dass ein Lehrer nicht nur für den dargebotenen Lehrstoff verantwortlich ist, sondern nunmehr auch dafür, dass der Schüler diesen auch versteht, und zwar unabhängig davon, wie viel oder eben auch wie wenig der Schüler sich bemüht. Und so war in Schnalts Kopf die Überzeugung gereift, dass die Note mehr über die Leistungsfähigkeit des Lehrers als über die des Schülers aussagt. Jetzt als Schulleiter bestellte er Kollegen zum Gespräch, deren Notendurchschnitt bei einer Klausur unter 3,5 lag. Sie mussten sich vor ihm rechtfertigen, warum Schüler eine schlechtere Note als eine Vier erreicht hatten. Da hatte doch der Lehrer versagt, denn sonst hätte es ja nicht zu mangelhaften oder gar ungenügenden Leistungen kommen können.

Basierend auf dieser Grundüberzeugung lief an einer Schule etwas schief, wenn es zu Nichtversetzungen kam.

Konsequent weitergedacht heißt das, dass an einer guten Schule jeder Schüler den Abschluss erreichen können muss. Und nochmals weitergesponnen heißt es, dass jeder Schüler das Abitur erreichen können muss. Und ist das nicht auch der gesellschaftliche Wille, denn eine hochindustrialisierte Wirtschaftsnation wie Deutschland ist ja auf einen hohen Bildungsgrad der berufstätigen Bevölkerung angewiesen? In Schnalts Vorstellung ist die politische Vorgabe, eine Abiturquote zwischen 60% und 70% zu erreichen, deutlich zu kurz gesprungen.

Deshalb nimmt Schnalt an seiner Schule auch jeden Schüler unabhängig von der Grundschulempfehlung auf, um ihm die Chance auf das Abitur zu eröffnen. Sein Credo lautet, wenn Schüler es nicht schaffen, dann haben die Lehrer ihren Job nicht gut genug erledigt. Und da will er seine Schule hinführen, dass jeder das Abitur bekommt.

Widerspruch von meistens älteren Lehrern lässt er nicht gelten. Selbst, wenn diese ihm vorhalten, dass ein Schüler einfach nicht mitarbeite, z.B. weil er seine Hausaufgaben nicht anfertige, bleibt er bei seinem Dogma. Dann müsse der Lehrer halt mit den Eltern sprechen und dafür sorgen, dass die Hausaufgaben wieder erledigt würden.

Dass das Lehrersein so ein höchst überfordernder Beruf ist, ist ihm nicht klar. Lehrer, die sich seine Haltung zu eigen machen, landen über kurz oder lang im Burnout. Die meisten aber schönen die Noten so, dass sie sich nicht vor ihm rechtfertigen müssen. Und Schnalt selbst handelt ebenfalls nach diesem Muster, indem er die versetzungsrelevanten Noten 5 und 6 aus seinem Repertoire gestrichen hat.

Gut, dass Caspar so einen Schulleiter hat. Obwohl seine Leistung in der mündlichen Prüfung laut Saum ebenfalls mit mangelhaft zu bewerten sei, stimmen Schnalt und der beisitzende Lehrer den Kollegen Saum um, so dass am Ende eine Vier steht und damit die Nachprüfung bestanden ist.

Caspar kommt nach Hause und verkündet vollmundig:

„Bestanden! Ich hab´s dir doch gesagt, dass ich das schaffe."

Jennifer ist so glücklich, will ihren Großen seit langem mal wieder in den Arm nehmen und ganz fest an sich drücken. Dem ist das aber offensichtlich nicht recht und er hält seine Mutter auf Abstand.

„Na, Gott sei Dank", ist Carl-Michaels einzige Reaktion am Abend. Dann erzählt er schon wieder, was ihm heute im Büro so alles passiert ist.

„Das ist nun mal seine Welt, in der wir hier zu Hause nur bedingt vorkommen", denkt Jennifer.

Donnerstag, 29. August

Melindas erster Tag am Gymnasium

Die Fünftklässler müssen am Donnerstag das erste Mal in ihrer neuen Schule antreten. Melinda steht bei Romy. Beide halten sich an der Hand und hoffen, dass sie in dieselbe Klasse gehen dürfen. Die Mütter Jennifer und Belinda stehen abseits und beobachten, wie Kevin Schnalt die Fünftklässler ihren neuen Klassenlehrern zuweist. Melinda und Romy sind noch übrig, als der Schulleiter die Klassenlehrerin für die 5d vorstellt. Es ist die nette Referendarin, die Melinda und Romy schon vom Probeunterricht im Februar kennen. Die beiden sind ganz aufgeregt, denn sie wünschen sich, dass Frau Möller-Wipperfeld, offensichtlich hat sie zwischenzeitlich geheiratet und einen Doppelnamen angenommen, ihre Klassenlehrerin wird. Und Melinda wird tatsächlich aufgerufen und geht nach vorne zu Frau Möller-Wipperfeld. Sehnsüchtig halten Melinda und Romy Augenkontakt. Da T wie Terodde erst weit hinten im Alphabet kommt, brauchen die beiden Geduld. Aber als letzter wird auch der Name von Romy vorgelesen. Die beiden dürfen in dieselbe Klasse gehen und dann noch zu der netten Lehrerin, denn das ist Frau Möller-Wipperfeld jetzt nach bestandenem Zweiten Staatsexamen im Frühjahr.

Die Klassenlehrerin zieht nun los zum Klassenraum und die 27 neuen Schüler der 5d folgen ihr im Gänsemarsch. Einige lachen und freuen sich, andere sind eher still und wissen nicht, was sie erwartet. Ein Mädchen, das offensichtlich gehbehindert ist, hinkt mit ihrer Freundin hinterher. Bis die beiden am Klassenraum im dritten Stock ankommen, hat Frau Möller-Wipperfeld nochmal alle Namen vorgelesen und muss feststellen, dass die beiden Mädchen fehlen. Ein etwas überaktiver Junge schreit daraufhin durch die Klasse: „Die sind wohl zu dumm, uns zu folgen. Ob die hier am Gymnasium richtig sind?“ Da Tatjana, so heißt das Mädchen mit der Gehbehinderung, gerade hereinkommt, hört sie, was der Junge ihr unterstellt. Sie wird rot.

Niemand hatte Frau Möller-Wipperfeld informiert, dass drei Kinder mit Förderbedarf in ihrer neuen Klasse sind. Neben Tatjana mit dem Förderschwerpunkt ‚Körperliche und Motorische Entwicklung‘ sind da noch Marco, der Junge, der gerade durch die Klasse geschrien hat, mit dem Förderschwerpunkt ‚ES‘ - das steht für emotionale und soziale Entwicklung - und dann noch Ludger, der eine starke Sehschwäche hat und dem Förderschwerpunkt ‚Sehen‘ zugeordnet ist. Frau Möller-Wipperfeld macht einen überforderten Eindruck. Darauf war sie nicht vorbereitet. Sie muss sich erst einmal sammeln.

Der Plan für den ersten Schultag sieht vor, dass sie ihren Schülern zuerst das Lehrerraumprinzip erklärt und dann den Stundenplan anschreibt. Am Gymnasium ist es eben so, anders als an der Grundschule, dass die Fächer von ganz vielen verschiedenen Lehrern unterrichtet werden, lernt Melinda. Und jeder Lehrer hat seinen eigenen Raum, zu dem die Schüler zu der entsprechenden Unterrichtsstunde gehen müssen. Aber Deutsch, Kunst und Erdkunde hat die Klasse bei ihrer Klassenlehrerin. „Wenigstens drei Fächer“, denkt Melinda. Was man aber im Erdkundeunterricht macht, weiß Melinda nicht. Das wird sie schon noch lernen. Dann gibt es noch Mathematik und Englisch wie an der Grundschule. Und es gibt Sport und Musik und Religion, damit kann sie auch was anfangen.

Frau Möller-Wipperfeld erklärt, dass Erdkunde und Biologie zwei Fächer sind, die dem Sachkundeunterricht ähnlich sind. Die Biologie beschäftigt sich mit allem, was lebt, also Menschen, Tieren und Pflanzen. Und Erdkunde beschäftigt sich mit den Kontinenten, den Ländern, den Meeren, Bergen und Flüssen. Was ein Kontinent ist, weiß Melinda noch nicht, aber Frau Möller-Wipperfeld wird das wohl irgendwann erklären.

Frau Möller-Wipperfeld schaltet jetzt einen großen Fernseher an, der im Klassenraum anstelle der Tafel angebracht ist. Sie zeigt der Klasse ihren Stundenplan. Als sie die Schüler bittet, den Stundenplan in ein vorgedrucktes Blatt zu übertragen, klopft es an der Tür und ein Lehrer, der sich mit Herr Baumgarten oder so ähnlich vorstellt, kommt herein.

„Ich bin einer der beiden Förderlehrer an unserer Schule und ich kümmere mich vor allem um diejenigen eurer Mitschüler, die es nicht ganz so leicht haben mit dem Lernen. Beispielsweise müsste in eurer Klasse der Ludger sein. Ludger kannst du mal eben aufzeigen?“

Ludger meldet sich. Er sitzt ganz vorne. Ludger hat ziemlich dicke Brillengläser.

„Der Ludger hat Probleme mit den Augen. Was ihr hier gerade an der Tafel lesen könnt, das kann der Ludger nicht scharf sehen, oder Ludger?"

Ludger schüttelt mit dem Kopf: „Doch, das kann ich lesen. Da steht in der ersten Zeile „Deutsch MW und 301."

Die Klasse lacht.

Herr Baumgartl ist verunsichert.

„307, aber sonst richtig. Na, vielleicht kann er das gerade noch so lesen, aber insgesamt müssen wir dem Ludger helfen und ihm alles deutlicher zeigen. Ludger bekommt von uns deshalb beispielsweise alle Arbeitsblätter größer kopiert, damit er sie auch richtig sehen kann.

Ludger war in der Grundschule ein sehr guter Schüler, und wenn ihm hier mal was nicht so gelingt, dann solltet ihr wissen, dass es mit seinen eingeschränkten Sehfähigkeiten zu tun hat."

Herr Baumgartl guckt auf seine Liste.

„Tja, und hier ist etwas schief gelaufen, sehe ich gerade. Ihr habt vielleicht schon gemerkt, dass eine Mitschülerin nicht so schnell laufen kann wie ihr, weil sie eine Gehbehinderung hat. Tatjana, meld dich mal eben."

Alle gucken in Richtung Tatjana, die wieder rot wird. Ihre Freundin drückt ihre Hand.

Herr Baumgartl wendet sich an Frau Möller-Wipperfeld:

„Entweder müssen Sie einen neuen Raum erhalten, damit Tatjana nicht immer in den 3. Stock laufen muss, oder wir müssen Tatjana in eine andere Klasse nehmen."

Melinda und Romy, die sich natürlich zusammen an einen Tisch gesetzt haben, gucken sich gegenseitig an. „Tatjana ist wirklich zu bedauern“, denkt Melinda, „erst hat sie diese schlimme Behinderung und jetzt wird sie hier auch noch damit so in den Mittelpunkt gestellt, was ihr offensichtlich sehr unangenehm ist.“

„Tatjana, ich kläre das. Bitte entschuldige, dass wir das nicht bedacht haben“, und dann verabschiedet sich Herr Baumgartl, weil er noch in die 5e muss.

Es klingelt zur großen Pause. Melinda und Romy treffen sich auf dem Schulhof mit Özlem und Paulina, die nun in der 5a sind. Özlem berichtet, dass ihr Klassenlehrer, ein Herr Seelig, Englisch und Französisch unterrichtet. Französisch gibt es aber erst ab der 6ten Klasse. Herr Seelig sei etwas komisch, findet auch Paulina.

„Und dann haben wir Biologie. Bei einem Doktor Krawitzig oder so ähnlich. Der muss uns dann aufklären und uns erklären, wie das mit dem Kinderkriegen geht. Da kriegt der sicher jede Stunde einen roten Kopf. Da wette ich mit euch“, sagt Paulina und grinst. Melinda fragt sich, woher Paulina so was weiß. Aber sie hat ja zwei große Geschwister, da bekommt man so was wahrscheinlich mit. Nun, sie hat Caspar, der spricht aber nur das Nötigste mit ihr.

Die 5d trifft sich wieder in Raum 307. Tatjana ist während der ganzen Pause in dem Raum geblieben. Ihre Freundin Vivian hat ihr Gesellschaft geleistet.

Romy geht zu den beiden Mädchen und will wissen:

„Tatjana, dann kannst du auch gar nicht beim Sportunterricht mitmachen, oder? Ich bin übrigens Romy und das hier ist meine beste Freundin Melinda."

„Nein, wenn ihr Sport habt, dann darf ich nach Hause. Wenigstens das. Aber ich würde lieber Sport mit euch machen. Das ist blöd, dass ich immer so ausgeschlossen bin."

Melinda und Romy nehmen sich vor, Tatjana und Vivian oft Gesellschaft zu leisten.

Dann geht es weiter mit Frau Möller-Wipperfeld. Eine Gebäudeführung ist angesagt. Sie versuchen ernsthaft, dass Tatjana mitkommen kann. Aber es geht alles sehr, sehr langsam und ein paar vorlaute Jungs fangen schnell an zu stöhnen und zu maulen. Frau Möller-Wipperfeld entscheidet dann, Tatjana mit Vivian in der Pausenhalle zurückzulassen. Sie informiert den Schulleiter über Frau Örlinghaus. Es muss eine Lösung her. So kann es ja nicht weitergehen, dass das Mädchen immer ausgeschlossen ist.

Melinda und Romy möchten auch bei Tatjana bleiben und ihr Gesellschaft leisten, aber das geht nicht, sagt Frau Möller-Wipperfeld.

Die Schule ist riesig, das macht Melinda Angst. Schließlich müssen sie drei- bis viermal am Tag einen anderen Raum suchen. Melinda hat Angst, sich zu verlaufen. Gott sei Dank ist Romy bei ihr.

Es gibt sogar eine Bücherei, die man in den großen Pausen nutzen kann. Das ist toll. Und es gibt eine Cafeteria. Aber da stünden immer die Großen, erklärt ein Schüler namens Phillip, der wohl einen Bruder in der Oberstufe hat, und die Kleinen hätten kaum eine Chance dranzukommen.

Zum Schluss zeigt ihnen die Klassenlehrerin die Aula. Die ist ebenfalls riesig. Da passt sicher die ganze Schule rein, vermutet Melinda. Und die Bühne sieht aus, als ob da gleich eine Show stattfinden würde. Da stehen Mikrofonständer und unter der Decke hängen große Lautsprecher und zahllose Studiostrahler. Und einen Bühnenvorhang gibt es auch. Vielleicht gibt es hier an der Schule ja auch Tanzunterricht und Melinda kann irgendwann mal auf dieser Bühne auftreten, träumt sie vor sich hin.

Um 12.30 Uhr ist der erste Schultag von Melinda am LEG schon vorüber. Jennifer steht in einer langen Reihe wartender Autos, aber Melinda findet sie schnell. Auch Romy steigt mit in den ‚Panzer', denn die Mütter haben beschlossen, dass nur Jenny die beiden abholt und Romy kurz nach Hause bringt.

Melinda sprudelt los:

„Mama, die Schule ist riesengroß, unheimlich. Aber die haben da eine Aula, die ist wie eine riesige Veranstaltungshalle mit Bühne und allem Drum und Dran. Weißt du, ob man am Gymnasium auch Tanzen lernen kann wie in der Grundschule? Und wir haben da ein Mädchen, das nur ganz schlecht gehen kann. Die tut mir leid. Die kann ja gar nicht richtig mitspielen, wenn wir auf dem Pausenhof spielen. Aber Romy und ich werden uns um die kümmern, stimmt doch, Romy?"

Romy kann nur mit dem Kopf nicken, denn Melinda plappert schon weiter:

„Und morgen machen wir den ganzen Tag Kennenlernspiele, das wird sicher auch toll. Andererseits gibt es da ein paar wirklich doofe Jungs, die immer nur laut sind und immer dazwischenrufen. Ob ich die wirklich kennenlernen will, weiß ich gar nicht, oder, Romy?"

Romy bestätigt:

„Ja, die finde ich auch echt ätzend. Ich hatte gehofft, dass man am Gymnasium nur nette Jungs hat."

„Ach, Quatsch. Caspar ist auch nicht nett und der ist auch am Gymnasium", ergänzt Melinda und fängt sich so einen Rüffel von ihrer Mutter ein:

„Na, na, Fräulein, so spricht man nicht über seinen Bruder!"

Dann kommen sie auch schon vor Romys Haustür an.

Morgen gehen die beiden gemeinsam und zu Fuß zum Gymnasium. So haben es Belinda und Jennifer abgesprochen. Ein weiterer kleiner Schritt auf dem Weg zum Erwachsenwerden.

Dienstag, 10. September

Elternabend von Melindas Klasse

Gestern war Jennifer bereits mit Belinda Terodde bei der Pflegschaftssitzung der 9c, Caspars Klasse, gewesen. Weil sich Belinda bei der letzten Elternversammlung vermittelnd eingesetzt hatte, ist sie zur Pflegschaftsvorsitzenden der Klasse 9c gewählt worden. Dr. Bentin hatte beleidigt reagiert und auch nicht für den Stellvertreterposten kandidiert. Also hatten die Eltern Frau Drexhage zur Stellvertreterin gewählt.

Heute findet der Elternabend der Klasse 5d in Raum 105 bei Frau Möller-Wipperfeld statt. Die Schulleitung hatte ihr diesen Raum zugewiesen, weil er parterre liegt und Tatjana somit in der Klasse bleiben kann.

Jennifer hatte Belinda zu Hause abgeholt, und beide waren gemeinsam zur Schule gefahren. Jetzt sitzen sie Seite an Seite an einem der Schülertischchen auf den niedrigen Schülerstühlchen.

„Jennifer, wenn du erlaubst, dann schlage ich dich gleich zur Wahl zur Pflegschaftsvorsitzenden vor, ja? Das wäre doch toll, wenn du gewählt würdest. Dann könnten wir immer gemeinsam zu den Schulpflegschaftssitzungen gehen. Mir würde das gut gefallen, wir sind doch ein gutes Team."

„Ja, danke. Ich muss gestehen, dass mir das sehr recht ist. Ich hatte dem Schnalt bei der Anmeldung von Melinda versprochen, dass ich mich in der

Schule engagieren und mich um den Posten bewerben würde.“

Frau Möller-Wipperfeld betritt den Raum. Schnell kehrt Ruhe ein und alle Augen richten sich auf sie. „Wenn das mal morgens im Unterricht auch so funktionieren würde“, denkt sie ein wenig belustigt. Sie begrüßt die Elternschaft, die aber gerade einmal zu einem Drittel ihrer Einladung gefolgt ist. Außer Jennifer und Belinda, sind da noch zwei Paare, ein Vater und fünf einzelne Mütter.

Die Lehrerin erklärt, dass zuerst die Wahlen zum Pflegschaftsvorsitz und dessen Vertretung stattfinden müssen. Ob es denn Freiwillige gäbe. Belinda meldet sich und schlägt Jennifer vor. Frau Möller-Wipperfeld notiert den Namen auf dem Smartboard, einer Art elektronischer Tafel.

„Gibt es weitere Meldungen?“, fordert sie die Runde auf, aber keine und keiner rührt sich.

„Nun gut. Leider ist es Vorschrift, dass die Wahl geheim stattfinden muss. Deswegen muss ich Sie bitten, den Namen von Frau Hassel-Meyer auf dem Stimmzettel zu notieren, wenn Sie für sie stimmen. Wenn Sie einen leeren Zettel abgeben, dann bedeutet das, dass sie nicht für Frau Hassel-Meyer stimmen.“

Beim ersten Einsammeln zählt die Klassenlehrerin elf Zettel, einer zu viel. Daher muss die Wahl wiederholt werden und sie erklärt:

„Natürlich darf jedes Elternpaar nur eine Stimme abgeben, das hätte ich vorher sagen müssen, bitte verzeihen Sie. Wir müssen also die Wahl wiederholen, es tut mir leid.“

Eine Mutter fragt, ob es nicht möglich sei, per Handzeichen abzustimmen.

„Nein, das Schulgesetz schreibt es nun mal so vor. Und glauben Sie mir: Es ist immer jemand unter den Anwesenden, der solche formalen Fehler irgendwann für sich aufgreift und zu seinen Gunsten nutzt. Ich möchte mich nicht angreifbar machen, auch wenn das kleinlich klingt. Aber ich habe es selbst in meiner noch kurzen Lehrerkarriere bereits einmal erlebt."

Als Referendarin hatte Frau Möller-Wipperfeld eine Einladung zu einem Elterngespräch wegen mangelnder Leistungen des Schülers ohne Unterschrift verschickt. Daraufhin waren die Eltern auch nicht zum Gespräch erschienen und hatten gegen die Note am Jahresende mit der Begründung Einspruch erhoben, dass sie nicht ausreichend über den Leistungsstand ihres Kindes informiert worden wären. Als Frau Möller-Wipperfeld dann auf das anberaumte Elterngespräch und die Abwesenheit hingewiesen hatte, hatten die Eltern den nicht unterschriebenen Brief vorgezeigt und dies als Formfehler geltend gemacht. Schnalt war schnell eingeknickt und hatte der Notenbeschwerde stattgegeben. Das Zeugnis musste mit der besseren Note neu gedruckt werden.

Daraus hatte Franziska Möller-Wipperfeld den Schluss gezogen, dass es auf die hundertprozentige Beachtung der Vorschriften ankam, wenn sie als Lehrerin bestehen wollte. Das raubte ihr zwar erhebliche Zeit, die sie lieber für ihre Klassen und ihren Unterricht aufgewendet hätte, aber so sollte es wohl sein.

Nun sind die Stimmzettel ein zweites Mal eingesammelt und diesmal sind es insgesamt zehn. Nur ein

Zettel ist leer geblieben und so gratuliert die Klassenlehrerin Jennifer zur gewonnenen Wahl.

Jennifer bedankt sich für das ihr entgegengebrachte Vertrauen und schlägt bei der Stellvertreterwahl Belinda Terodde vor. Auch Belinda hat keinen Gegenkandidaten und wird mit 9 von 10 möglichen Stimmen gewählt. Die Lehrerin händigt beiden die ordnungsgemäß unterschriebene Einladung zur Schulpflegschaftsversammlung am Monatsende aus.

Frau Möller-Wipperfeld erklärt nun, dass das Leistungsniveau der Schüler aus den fünf Wermelsburger Grundschulen dermaßen unterschiedlich sei, dass das erste Schulhalbjahr der Angleichung der Lernstände diene. Es könne also durchaus sein, dass einzelne Kinder zu Hause berichten würden, dass sie sich in der neuen Schule langweilen. Für andere hingegen werde es wohl von Anfang an ‚zur Sache gehen', wie sich die Klassenlehrerin ausdrückt.

Sie will gerade auf die Inhalte der Fächer im folgenden Schuljahr zu sprechen kommen, da klopft es an der Tür und Herr Baumgartl, der Förderpädagoge, unterbricht die Versammlung:

„Verzeihen Sie, liebe Kollegin, dass ich so hereinplatze. Ich würde auch gerne kurz die Gelegenheit nutzen, mich bei den Eltern vorzustellen, wenn es Ihnen recht ist."

„Ja, bitte. Es ist mir sehr recht, dass die Eltern Sie kennenlernen", überlässt ihm Franziska Möller-Wipperfeld das Wort.

„Ja, einen schönen guten Abend in die Runde. Mein Name ist Johannes Baumgartl, hinten nur mit „tl", was auf meine bayrische Abstammung hinweist. Ich bin einer der beiden Förderpädagogen am LEG. Wie Sie wissen, sind wir eine inklusive Schule, was bedeutet, dass wir auch Schüler mit sogenanntem Förderbedarf an unserer Schule haben. Das ist für die Regelschüler genauso wichtig wie für die Förderschüler: Die einen lernen zusätzliche Rücksichtnahme, und die anderen fühlen sich nicht ausgeschlossen.

Hier in der 5d haben wir 3 Schüler, bzw. 2 Schüler und eine Schülerin mit Förderbedarf. Da ist zum einen ein Mädchen mit einer Gehbehinderung. Hier gibt es einige organisatorische Dinge zu beachten und zu regeln, denn ansonsten kann die junge Dame dem Unterricht folgen, wie alle anderen auch."

Eine Mutter meldet sich. Es ist Tatjanas Mutter:

„Ich bin die Mutter dieser jungen Dame. Mein Name ist Natascha Bärentreu und meine Tochter heißt Tatjana. Im Prinzip stimmt, was Sie sagen: Tatjana ist intelligent genug, das Gymnasium zu schaffen. Jedenfalls meinen das ihre Grundschullehrer. Und ich meine das auch.

Aber Tatjana hat wenig Selbstbewusstsein, weil sie schon in der Grundschule nicht mit den anderen spielen konnte, weil sie eben nur sehr langsam laufen kann. Und weil darauf in der Grundschule sehr wenig Rücksicht genommen wurde, möchte ich Sie beide als Klassenlehrerin und als Förderpädagoge bitten, Ihr Auge auf diesen Aspekt ihrer Behinderung zu legen. Es geht nicht nur darum, dass Sie darauf achten, dass Tatjana nicht zu viele Treppen steigen muss, um zu dem richtigen Klassenraum zu kommen. Nein, es ist wichtig, dass Sie beide darauf achten, dass sie in die Klassengemeinschaft findet und ihr Selbstbewusstsein wachsen kann."

„Aber das ist doch selbstverständlich, Frau Bärentreu. Ich verspreche Ihnen, dass wir uns darum kümmern", antwortet Herr Baumgartl und schaut zu Frau Möller-Wipperfeld, die daraufhin ebenfalls eifrig nickt.

Frau Bärentreu gibt sich mit diesem Versprechen zufrieden.

„Dann haben wir noch den Ludger in der Klasse mit dem Förderschwerpunkt ‚Sehen'. Sind die Eltern von Ludger vielleicht auch hier?", blickt sich Baumgartl im Raum um. Als sich niemand rührt, fährt er fort:

„Wie Tatjana hat auch Ludger keine intellektuellen Probleme dem Unterricht zu folgen. Auch bei Ludger müssen zunächst einige organisatorische Dinge beachtet werden. Beispielsweise muss er immer vorne in der Klasse sitzen und die Lehrer müssen alle Arbeitsblätter für ihn vergrößert kopieren. Und dann muss, wie bei Tatjana, natürlich auch bei Ludger gelingen, dass ihn die Klassengemeinschaft als normales Mitglied aufnimmt.

Und zu guter Letzt haben wir noch den Marco mit dem Förderbedarf ‚Emotionale und Soziale Entwicklung'.

Der Vater, der alleine anwesend ist, fällt Baumgartl ins Wort:

„Ist das überhaupt rechtens, dass Sie hier vor der versammelten Elternschaft die Behinderungen der Kinder so haarklein offenlegen? Unterliegt das nicht alles dem Datenschutz?"

Baumgartl ist verunsichert. Vermutlich hätte er weder Namen noch Details ausführlich ohne die Zustimmung der entsprechenden Eltern thematisieren dürfen. Aber ist es andererseits nicht wichtig, dass die Eltern über die besonderen Lernbedingungen in der Klasse informiert sind, damit sie wissen, mit was sich die Kinder außer dem Lernstoff noch so auseinanderzusetzen haben? Er schaut hilfesuchend zur Klassenlehrerin, die aber auch nur mit den Schultern zucken kann.

„Ich halte Offenheit für einen der wesentlichen Aspekte unserer Arbeit hier im Kollegium und in der ganzen Schulgemeinde. Nur wenn wir alle über alle Bedingungen des Miteinanderlernens Bescheid wissen, kann auch das gegenseitige Verständnis wachsen. Und das ist es doch, was die Inklusion leisten soll. Schließlich müssen wir alle unseren Gelingensbeitrag zu einer besseren Gesellschaft und für eine bessere Welt leisten“, wird Herr Baumgartl nun pathetisch.

„Ich möchte nicht, dass Sie weitere Details über mein Kind hier offenlegen!“, beschließt der Vater von Marco die Diskussion.

„Nun gut, dann sei es so. Gibt es von Ihrer Seite weitere Fragen zur Inklusion und dazu, wie wir sie hier an unserer Schule handhaben?“

Eine Mutter hakt nach:

„Ich hatte Inklusion so verstanden, dass die behinderten Kinder extra unterrichtet werden, aber in den Pausen mit allen zusammen auf dem Schulhof spielen können. So kenne ich es aus unserer Grundschule.“

„Ja, nein, das ist eigentlich nur die halbe Wahrheit. Es ist sicher gut, wenn Kinder mit und ohne Förderbedarf wenigstens in den Pausen miteinander spielen. Aber die Inklusion muss natürliche alle Bereiche des Zusammenlebens, also vor allem auch den Unterricht, betreffen."

„Wie soll das denn gehen, bitteschön?", hakt die Mutter nach:

„In der Grundschule hatten wir ein mongoloides Kind im Jahrgang. Das hätte doch gar nichts kapiert von dem, was die Lehrerin gesagt hat. Das war schon gut so, dass der arme Junge mit seinesgleichen unterrichtet wurde. So jedenfalls habe ich das empfunden."

„Es heißt nicht Mongolismus, sondern Trisomie 21 …", belehrt Baumgartl die Frau.

„Dem Kind ist damit aber auch nicht geholfen, wenn wir die Krankheit umbenennen", wehrt sich die so Belehrte.

„Aber ja, Sie haben natürlich recht. Das ist nicht ganz einfach. Aber es ist möglich, auch Kinder mit dem Förderschwerpunkt ‚Lernen' oder auch ‚Geistige Entwicklung' in den Unterricht einzubeziehen. In diesem Fall sprechen wir von zieldifferentem Unterricht. Der Lehrer wird mit Hilfe der Förderpädagogen und gegebenenfalls von Inklusionshelfern den Förderschüler eben mit anderen Lernmaterialien und Lehrmethoden konfrontieren als die Regelschüler. Wichtig ist, dass das Gefühl der Integration entsteht. Und zwar auf beiden Seiten."

Die Mutter sieht nicht überzeugt aus.

Baumgartl blickt auf die Uhr:

„Wenn keine weiteren Fragen sind, würde ich mich gerne verabschieden. Ich muss mich auch noch in den anderen Fünferklassen vorstellen …", schaut er in die

Runde. Da keine Meldungen kommen, nickt er nochmals Frau Möller-Wipperfeld zu und verabschiedet sich.

Die Klassenlehrerin fährt fort und erläutert die inhaltlichen Schwerpunkte der Hauptfächer im ersten Schuljahr der 5d am LEG. Weiter informiert sie die anwesenden Eltern über die Einrichtungen der Schule, als da wären die gut ausgestatteten Fachräume, die Bücherei, die Cafeteria, die große Aula, die Pausenhalle usw.

Sie weist die Eltern darauf hin, dass die Lehrer jederzeit telefonisch über das Sekretariat zu erreichen seien. Frau Örlinghaus, die Sekretärin, würde die Lehrer dann um Rückruf bitten. Aber natürlich sei auch der Kontakt per Mail möglich. Sie schreibt dazu ihre E-Mail-Adresse an und die meisten Eltern, wie auch Jennifer, notieren diese dienstbeflissen.

Eine Mutter will wissen:

„In der Grundschule hatten die Eltern eine WhatsApp-Gruppe, in der auch die Lehrerin angemeldet war. Sollen wir so etwas hier nicht auch machen? Das würde doch die Kommunikation erheblich vereinfachen. Und wären Sie, Frau Möller-Wipperfeld, bereit der Gruppe beizutreten?"

„Das müsste dann aber von Ihnen organisiert werden. Ja, ich würde mich anschließen. Aber natürlich handelt es sich bei so einer Messenger-Gruppe nicht um ein offizielles Kommunikationsmedium der Schule. Das muss Ihnen klar sein."

„Ja, aber informelle Nachrichten gelangen so schnell an alle Eltern. Wenn es recht ist, kümmere ich mich um die Einrichtung unserer Gruppe", bietet die

Dame der Runde an und erhält Zustimmung von allen Anwesenden.

Zu guter Letzt macht die Klassenlehrerin noch eine Ankündigung:

„Sie wissen, dass dies meine erste Klasse als noch junge Lehrerin ist. Und ich freue mich sehr, Ihre Kinder unterrichten zu dürfen. Aber ich freue mich auch sehr, dass ich selbst ein Kind erwarte. Der Geburtstermin ist für Ende Februar errechnet, so dass ich die Klasse, wenn alles gut geht, im kompletten ersten Halbjahr unterrichten werde. Für meine Nachfolge als Klassenlehrerin ist erst einmal Frau Bengelkamp vorgesehen. Das ist die junge Frau, die ihre Kinder bereits aus dem Deutschunterricht kennen. Sie ist noch Referendarin, wird aber im Herbst, so hoffen wir alle, ihr Zweites Staatsexamen ablegen und dann schon zusammen mit mir die Klassengeschäfte leiten. Es wird also einen sanften Übergang geben." Sie blickt erwartungsvoll in die Runde.

Jennifer als frisch gewählte Pflegschaftsvorsitzende nimmt den Faden auf:

„Ja, das ist ja eine Überraschung. Natürlich freuen wir uns für Sie und wünschen Ihnen alles Gute für die Schwangerschaft. Aber wir sind auch ein bisschen traurig, denn von meiner Melinda weiß ich, dass die Kinder Sie schon in ihr Herz geschlossen haben."

Die anderen Eltern nicken zustimmend.

„Seien Sie sicher, liebe Eltern, dass es mir ebenso geht. Auch ich habe die Klasse in der kurzen Zeit bereits sehr lieb gewonnen. Und es fällt mir schwer, sie nach so kurzer Zeit schon wieder abgeben zu müssen. Aber natürlich bin ich auch in Vorfreude auf mein Baby. Ich denke, das ist nachfühlbar."

Eine weitere Mutter fragt:

„Wie lange werden Sie voraussichtlich in Elternzeit gehen? Vielleicht können Sie ja die Klasse später wieder übernehmen", grinst sie ob ihres zur Schau gestellten Egoismus, der Frau Möller-Wipperfeld aber auch schmeicheln soll.

„Das weiß ich noch nicht genau. Aber es freut mich natürlich, wenn Sie das so sagen."

Dann geht die Pflegschaftsversammlung zu Ende. Viele Eltern verabschieden sich persönlich von der Lehrerin und wünschen ihr alles Gute.

„Guck mal an", denkt Jennifer, „Lehrer sind offensichtlich keine asexuellen Wesen und haben ein Leben neben der Schule."

Montag, 23. September

Schulpflegschaft am Gymnasium

Knapp 14 Tage später sitzen Jennifer und Belinda erneut in der Schule, diesmal in der Aula, die mit einem Rechteck aus vielen Tischen und Stühlen möbliert ist. Als sie ankommen, machen die beiden an der Kopfseite Herrn Schnalt und Dr. Müller-Basedow, den Vorsitzenden der Schulpflegschaft, miteinander ins Gespräch vertieft, aus.

Die beiden Damen suchen sich einen Platz und langsam füllen sich die anderen Plätze auch.

Um Punkt 19 Uhr begrüßt der Schulpflegschaftsvorsitzende die Anwesenden. Er fragt klassenweise ab, welche Klassenpflegschaftsvorsitzenden anwesend sind und stellt fest, dass nur die 7b am heutigen Abend nicht vertreten ist. Dies beeinträchtige aber die Beschlussfähigkeit nicht. Zunächst müssten die Wahlen für die Gremien durchgeführt werden. Er bittet den Schulleiter, diese Wahlen durchzuführen.

Herr Schnalt fragt, ob sich Dr. Müller-Basedow erneut für den Posten des Pflegschaftsvorsitzenden bewerbe und dieser nickt zustimmend. Auf die Frage nach weiteren Bewerbungen meldet sich niemand und so geht es auch hier in geheimer Abstimmung nur darum, wie viele der 34 Stimmen für den alten und vermutlich auch neuen Pflegschaftsvorsitzenden abgegeben werden. Mit 32 von 34 Stimmen wird Müller-Basedow im Amt bestätigt. Auch seine Stellvertreterin wird mit deutlicher Mehrheit wiedergewählt.

Danach müssen die übrigen Mitglieder für die Schulkonferenz bestimmt werden, was erhebliche Zeit in Anspruch nimmt.

Für das Aussprechen von Ordnungsmaßnahmen gegenüber Schülern soll eine Teilkonferenz gebildet werden. Da sich niemand anderes bewirbt und Jennifer den Eindruck hat, es müsse doch jetzt einmal weitergehen, hebt sie halt den Finger und lässt sich als Elternvertreterin in dieses Gremium wählen.

Dann endlich kommt es zum Bericht des Schulleiters über das vergangene Schuljahr und die Planungen für das neue.

Kevin Schnalt referiert über die im letzten Jahr gemeisterte Qualitätsanalyse, kurz QA. Das ist eine Überprüfung der Schulen durch das Dezernat 4Q der Bezirksregierung nach einem vorgegebenen Raster, dem sogenannten Referenzrahmen Schulqualität NRW. Das LEG habe in vielen inhaltlichen Feldern gut abgeschnitten, so interpretiert der Schulleiter den Bericht der QA-Prüfer. Vor allem im so wichtigen zweiten Inhaltsbereich ‚Lehren und Lernen‘ habe die Schule die Bestnote erreicht, trägt er mit einem gewissen Stolz vor. Es habe sich eben doch als sinnvoll herausgestellt, dass er von seinen Kollegen für die Unterrichtsstunden, die von den QA-Prüfern besucht wurden, schriftliche Unterrichtsplanungen eingefordert habe. In einigen Fällen habe er persönlich intervenieren und in die Unterrichtsplanung eingreifen müssen. Aber am Ende habe sich das offensichtlich ausgezahlt.

„Aber ist das nicht eine Verfälschung des Ergebnisses, wenn die Prüfer nicht reguläre, sondern auf Hochglanz polierte Stunden zu sehen bekommen haben?“, will der Pflegschaftsvorsitzende der 9a, ein Herr Bergkemper, wissen.

„Aber natürlich zeigen sich alle Schulen in dieser Situation von ihrer besten Seite. Seien Sie gewiss, dass andere Schulen bei der QA noch ganz anders tricksen, als wir das getan haben. Ich will mir nicht nachsagen lassen, dass unsere Schule nicht alles gegeben hätte, um bei der QA gut abzuschließen“, entgegnet Schnalt.

Jennifer fühlt sich durch die Ausführung des Schulleiters an ihre eigene Schulzeit erinnert. Da gab es auch die Schüler, die damit prahlten, dass sie in Klassenarbeiten besonders geschickt gepfuscht hatten. Und wenn man sie kritisiert hatte, dass sie sich damit ja einen ungerechtfertigten Vorteil erschlichen hätten, bekam man regelmäßig die Antwort, dass ja alle pfuschen würden.

Kevin Schnalt geht bewusst nicht auf das Inhaltsfeld ‚Führung und Management‘ ein, bei dem die QA-Prüfer erheblichen Entwicklungsbedarf, wie es im Bericht formuliert ist, festgestellt haben. Das heißt nichts anderes, als dass dieser Bereich mangelhaft ist. Für sich kommt er mit dieser Einschätzung klar, war er doch zum Zeitpunkt der QA gerade mal zwei Jahre im Amt gewesen.

Schnalt wäre aber nicht Schnalt, wenn er erkannte Schwächen nicht für seine eigenen schulpolitischen Ideen ausschlachten würde. So nutzt er den attestierten Entwicklungsbedarf im Inhaltsbereich ‚Schulkultur‘ einseitig für seine Idee, das LEG zu einer Ganztagsschule auszubauen:

„Die Prüfer haben erkannt, dass unsere Schüler in der Dimension 3.6 ‚Gesundheit und Bewegung‘ nicht auf der Höhe sind. Dies ist zwar ein Bereich, in dem die Schule bis dato nur im Rahmen des Sportunterrichts Einfluss nehmen kann. Hier ist der häusliche Rahmen eher maßgebend.

Damit unsere Schule in diesem Bereich zukünftig besser dastehen kann, habe ich bei unserem schulfachlichen Dezernenten an der Bezirksregierung in Köln ein Schulprogrammvorhaben angeregt. Und Herr Vieleck, so heißt der für uns zuständige Dezernent, hat mir seine Unterstützung signalisiert. Wenn wir das LEG zu einer Ganztagsschule ausbauen würden, dann hätten wir nicht nur die zeitlichen, sondern durch entsprechende Stellenzuweisungen auch die personellen Ressourcen, um uns im Bereich ‚Gesundheit und Bewegung‘ deutlich besser aufstellen zu können. Darüber hinaus könnten wir den Nachmittagsbereich für die Themen ‚Berufs- und Studienwahlorientierung‘ und vor allem auch für die individuelle Förderung, z.B. im Bereich Hausaufgaben, die ja dann sowieso größtenteils in der Schule erledigt werden müssen, nutzen.

Ich habe meinen Vorschlag auch bereits mit Dr. Müller-Basedow diskutiert und er hat mir ebenfalls seine Unterstützung zugesagt.“

Der Angesprochene meldet sich zu Wort:

„Ich befürworte den Ausbau der Schule, den Herr Schnalt gerade angeregt hat, ganz pragmatisch aus einem mir naheliegenden Grunde. Sie wissen wahrscheinlich alle, dass ich als Personalleiter bei der GIWU-AG tätig bin. Unser Unternehmen braucht ständig gut ausgebildeten Nachwuchs. Anderen Unternehmen in der Region geht es ähnlich. Dabei ist die fachliche Ausbildung hier am LEG das eine. Wichtig ist aber auch, dass die Schüler und Schülerinnen besser über ihre Möglichkeiten am Arbeitsmarkt informiert werden. Wir und andere Firmen kooperieren im Rahmen von KURS diesbezüglich ja schon mit dem LEG. Aber wir wünschen uns mehr Zeit und damit mehr Möglichkeiten, auch mehr Kontinuität zur Information über die Ausbildungsangebote in unserer Stadt und im Umfeld. Das könnte alles im Rahmen der Ausweitung der Unterrichtszeit auf den Nachmittag stattfinden."

Nach einer kurzen Pause besinnt er sich und ergänzt:

„Natürlich neben der Verbesserung der sportlichen Angebote, oder, wie Herr Schnalt es ausgedrückt hat, des Bereichs ‚Bewegung und Gesundheit'."

„Ja, vielen Dank für Ihr Statement. KURS ist vielleicht nicht allen bekannt: Es ist die Abkürzung für die Kooperation von Unternehmen der Region mit Schulen im Bereich der Bezirksregierung Köln."

Nach einer kurzen Pause fährt Kevin Schnalt fort: „Bevor ich gleich die Diskussion über das Entwicklungsvorhaben ‚Ganztag' eröffnen möchte, kurz noch ein paar Rahmenbedingungen, damit Sie wissen, worüber wir sprechen:

In unserer Planung sind drei gebundene Ganztage, d.h. der Unterricht würde am Montag, Dienstag und am Donnerstag jeweils bis 16.30 Uhr gehen. Der

Mittwochnachmittag wäre unterrichtsfrei und den Lehrerkonferenzen vorbehalten und der Freitagnachmittag wäre ebenfalls frei. An den drei Tagen mit Ganztagsunterricht würde hier in der Schule, voraussichtlich während zwei Stunden in der Mittagszeit, ein warmes Mittagessen für Ihre Kinder angeboten werden. Wie genau das aussieht, kann ich Ihnen heute noch nicht sagen. Aber es gibt bereits erste Gespräche mit dem Schulträger über den Neubau einer Mensa. Auch der Förderverein hat schon seine Unterstützung angekündigt.

So, nun darf ich um Ihre Beiträge bitten", lässt Kevin Schnalt seine Augen durch die Aula wandern.

Spontan meldet sich Belinda Terodde:

„Ich finde den Ganztag auch für die Familien, in denen beide Eltern ganztags arbeiten, oder für die Alleinerziehenden wie mich eine erhebliche Entlastung. Ich bin uneingeschränkt dafür. Und selbst unsere Fünftklässler wie meine Romy, so denke ich, kommen schon gut damit zurecht, wenn die Eltern nur am Morgen und dann ab dem späten Nachmittag für sie da sind. Es bedeutet ja nicht, dass wir sie ganz abgeben und in ein Internat schicken oder so."

Als Politiklehrer denkt Schnalt: „Und darüber hinaus ist es politischer Wille, dass möglichst viele Eltern berufstätig sind, Steuern zahlen und das Bruttosozialprodukt mehren." Moderierend fährt er fort:

„Ja, vielen Dank für diesen Aspekt, der sicher eine große Relevanz besitzt. Gibt es weitere Argumente dafür oder auch dagegen?"

Er freut sich, dass sich nun auch Jennifer zu Wort meldet und lächelt ihr zu, weil sie vermutlich ihr Versprechen vom Aufnahmetag einlöst und ihn unterstützt. Sicher ungewollt fällt sein Blick dann aber wieder auf ihr Dekolleté.

„Bitte, Frau Hassel-Meyer."

„Ich finde, gerade die Hausaufgabensituation spricht für den Ganztag. Ich stelle fest, dass es mir als Mutter gerade in den höheren Jahrgängen schwerfällt, die fachliche Unterstützung zur Bewältigung der Hausaufgaben zu geben. Meine Mathematikkenntnisse beispielsweise reichen einfach nicht aus, um meinen Caspar, der jetzt in der 9 ist, angemessen zu unterstützen. Und daher finde ich es nahezu erforderlich, dass die Schule hier die Möglichkeit der professionellen Hausaufgabenbetreuung anbieten will. Und das geht eben nur durch das Ganztagsangebot. Ich bin aus diesem Grunde dafür."

Einige Eltern nicken zustimmend mit dem Kopf.

„Ja, vielen Dank für diesen Hinweis und Ihr Votum, Frau Hassel-Meyer. Gibt es weitere Wortmeldungen?"

Eine Mutter fragt: „Ich habe eine Verständnisfrage. Wenn wir hier über ein Ganztagsangebot sprechen, heißt das, dass wir als Eltern entscheiden können, ob wir unsere Kinder für die Nachmittagsbetreuung anmelden? So kenne ich es von der Grundschule. Oder ist das Ganztagsangebot für alle Schüler verpflichtend?"

„Das ist eine gute Frage. Ich habe das nicht ausreichend erklärt, stelle ich fest. Wenn wir hier am LEG über den Ganztag sprechen, dann meinen wir damit ein sogenanntes gebundenes Ganztagsangebot. Das heißt, dass der Nachmittagsunterricht verpflichtend ist. Sie als Eltern oder die Schüler haben nicht die Möglichkeit, zu entscheiden, ob sie teilnehmen oder nicht. Es gibt allerdings Wahlangebote, aber das sind sogenannte Wahlpflichtangebote. Hier kann der Schüler aus einem Angebot von parallel stattfindenden Fächern wählen, beispielsweise ob er Kunst oder Sport oder Musik wählt. Allerdings muss er sich für eines dieser Fächer entscheiden und dann ist dieses Fach bindender Unterricht für diesen Schüler, der dann mit einer Note oder zumindest mit einem Teilnahmevermerk auf dem Zeugnis erscheint."

Mit Kopfnicken verdeutlicht die Fragende, dass sie verstanden hat. Eine weitere Mutter meldet sich:

„Aber ich habe meine Charlet hier bei Ihnen vor zwei Jahren angemeldet, weil es eben keinen Nachmittagsunterricht gibt. Ich bin als Mutter nicht berufstätig, und zwar ganz bewusst und aus dem Grund, weil ich mich um die Erziehung meiner Kinder selbst kümmern will. Ich finde, die Schule soll für die Bildung zuständig sein und die Eltern für die Erziehung. Daher heißen sie ja auch Erziehungsberechtigte. Und ich für meinen Teil möchte meiner Charlet auch noch Freiräume zugestehen, Zeiten, die nicht mit Pflichten belegt sind, in denen sie selber entscheiden kann, was sie tun oder lassen möchte, meinetwegen auch Zeiten zum Chillen, wie es die Jugendlichen heute nennen. Lange Rede, kurzer Sinn: Ich bin ganz und gar nicht einverstanden mit der Ausweitung des Unterrichts auf den Ganztag."

Schnalt antwortet: „Auch Ihnen vielen Dank für den Beitrag. Ich kann Sie verstehen. Es gibt eben auch Gründe gegen die Ganztagsschule.

Eines vielleicht noch zu dem Thema ‚Bildung und Erziehung‘: In §1 des Schulgesetzes steht ausdrücklich, dass die Schule für Bildung“, und dann betont er ausdrücklich, „Erziehung“, und nach einer kurzen Pause, „und dann folgt noch individuelle Förderung, verantwortlich ist.

Vielleicht nochmal kurz zum Procedere: Die Schulleitung wird einen Antrag über den gebundenen Ganztag zur Abstimmung in der Schulkonferenz formulieren. Nach den Vorberatungen hier, in Lehrerkonferenzen und in der Schülervertretung wird dann am 7. Oktober in der Schulkonferenz über diesen Antrag abgestimmt. Und wie in demokratischen Institutionen üblich, gilt dann, was die Mehrheit dieses Gremiums beschließt.

Und damit die Elternvertreter, die Sie zu Beginn des heutigen Abends hier gewählt haben, auch Ihre Meinung als Elternschaft bei der Abstimmung repräsentieren, sollten wir hier möglichst am Ende der Diskussion auch ein Meinungsbild erstellen.

Gut, gibt es weitere Stellungnahmen?“

Die Mutter von Charlet meldet sich nochmal:

„Also für mich war die Halbtagsbeschulung hier am LEG der ausschlaggebende Grund, mein Kind hier anzumelden und nicht am EvB in Wipperfürth. Fahrtechnisch wäre das genauso praktikabel gewesen. Wir wohnen ziemlich genau auf der Hälfte zwischen beiden Orten.

Wenn nun das LEG auch entscheidet, Ganztagsschule zu werden, dann muss ich tatsächlich mit meinem Mann zusammen überlegen, ob wir für Charlet nicht ein anderes Gymnasium finden. Und ich kann mir vorstellen, dass es auch andere Eltern gibt, die so denken."

Sie schaut sich im Auditorium um, aber erhält weder verbal noch durch Gesten Zustimmung.

Schnalt bedankt sich für den erneuten Beitrag, geht aber nicht weiter darauf ein, obwohl das Gesagte ja schon an einen Erpressungsversuch grenzt. Er fährt fort:

„Gibt es noch weitere Beiträge zu diesem Tagesordnungspunkt?"

Wieder lässt er seinen Blick durch das Auditorium streifen.

„Gut, dann möchte ich Sie um ein Meinungsbild der Elternschaft bitten. Wer ist dafür, dass wir weiterschreiten auf dem Weg zum gebundenen Ganztag?"

23 der 34 Stimmberechtigten heben die Hand.

„Wer ist dagegen?"

Hier melden sich nur 4 Stimmberechtigte. Die restlichen 7 enthalten sich.

„Ich bitte dies im Protokoll so festzuhalten", wendet sich Schnalt an die stellvertretende Pflegschaftsvorsitzende, die das Protokollieren dankenswerterweise übernommen hat.

Die restlichen Tagesordnungspunkte betreffen Formalien und sind schnell besprochen. Ungefähr um 21.30 Uhr endet die Veranstaltung und Jennifer bringt Belinda nach Hause.

„Obwohl ich für die Ganztagsbeschulung bin, kann ich auch das Argument dieser Mutter von Charlet verstehen: Kinder werden früh genug erwachsen. Wir müssen Sie nicht schon mit 10 Jahren rund um die Uhr einbinden. Es reicht doch auch, den Ernst des

Lebens zu erfahren, wenn man erwachsen ist, oder?", nimmt Jennifer das Thema des Abends nochmals auf.

„Ja, da hast du recht. Und im Prinzip denke ich nicht anders. Aber in meiner Situation wäre ich schon sehr froh, wenn ich mich tagsüber auf meine Jobs konzentrieren könnte. Dann wäre ich abends sicher oft entspannter und würde mich sogar auf die beiden freuen, wenn sie nach Hause kommen. So, wie es jetzt ist, bekomme ich nachmittags nicht alles fertig, weil mit den Kindern immer irgendwas ist. Und dann muss ich abends, wenn die beiden im Bett sind, oft nochmal ran. Du glaubst gar nicht, wie kräftezehrend das ist."

„Oh doch. Das glaube ich dir unbesehen und ich verstehe komplett, was du meinst. Und das war ja gerade in der Diskussion auch dein Argument. Aber es ist aus deiner Perspektive gedacht. Und die Kinder müssen sich dem unterordnen. Ob das für sie richtig und gut ist, wird erst danach geklärt.

Das gilt ja ebenso für mein Argument mit den Hausaufgaben. Vielleicht ist es aber gar nicht so wichtig, dass die Hausaufgaben perfekt gemacht werden, zumindest in den unteren Klassen. Vielleicht wäre es wichtiger für die Entwicklung der Kinder, wenn sie mehr Freiräume am Nachmittag hätten.

Belinda, ich weiß es wirklich nicht. Es ist nur so eine Idee und so ein Gefühl, dass wir unserem Nachwuchs zu früh zu viel abverlangen. Sollte dieses Eingebundensein nicht wirklich den Erwachsenen vorbehalten sein?"

„Ich muss zugeben, dass ich das aus Sicht der Kinder tatsächlich auch nicht mit Sicherheit beurteilen kann. Ich weiß nur, dass es für meine Situation am Ende eine riesige Entlastung darstellt, die auch für die Kinder ihr Gutes haben wird. Alles andere ist für mich ein Luxusproblem. Verstehst du das?“

„Aber ja, das verstehe ich sehr gut. Meine Bedenken waren auch eher genereller Natur. Im Einzelfall bzw. in deinem Fall ist der gebundene Ganztag tatsächlich eine große Entlastung, das kann ich nachvollziehen. Nichts für ungut, Belinda.“

Die letzten zwei Sätze hatten die beiden Mütter bereits im parkenden Auto vor Belindas Wohnung gewechselt. Nun bedankt sich Belinda fürs Mitnehmen und die beiden verabschieden sich herzlich.

Mittwoch, 10. Oktober

Caspar und Dean müssen nach Hause

Am späten Vormittag klingelt das Telefon bei Meyers. Es ist Caspars Klassenlehrerin Frau Pagelsdorff:

„Guten Tag, Frau Hassel-Meyer. Es ist etwas Schreckliches passiert. Wir haben Ihren Sohn mit Drogen erwischt. Sie wissen, was das bedeutet? Sie müssen Ihren Sohn hier im Jugendgästehaus in Berlin abholen.“

„Das glaube ich nicht!“, reagiert Jennifer geschockt.

„Das kann doch gar nicht sein. Caspar hat noch nie etwas mit Drogen zu tun gehabt. Das ist ja wohl ein schlechter Scherz!“

„Nein, leider nicht. Gestern sind Caspar und ein Freund zu spät zum Gästehaus zurückgekommen. Sie mussten klingeln, um noch eingelassen zu werden. Als Herr Schnalt und ich die beiden zur Rede stellen wollten, haben sie ganz komisch rumgedruckst, sehr verdächtig. Wir haben die beiden daraufhin gebeten, ihre Rucksäcke vor uns auszuleeren und dabei sind fünf Tütchen mit Haschisch aufgetaucht.

Sie wissen, dass wir das nicht einfach so abtun können. Wie vereinbart ist es jetzt Ihre Pflicht, die beiden hier in Berlin abzuholen.“

„Aber das geht doch nicht. Wie soll ich das denn jetzt organisieren? Ich habe ja noch weitere Kinder, die ich nicht einfach allein lassen kann. Nein, das geht wirklich nicht“, zeigt sich Jennifer komplett mit der Situation überfordert.

„Ich weiß, dass das eine große Hürde ist. Aber Sie haben sich schriftlich dazu verpflichtet, Ihren Sohn hier abzuholen, falls es einen Vorfall gibt, der dies erforderlich macht. Und genau so ein Vorfall ist jetzt durch Caspars und Deans Verhalten eingetreten. Ich bin froh, dass Herr Schnalt als Begleitperson ebenfalls hier in Berlin ist und ich die Entscheidung nicht selbst und nicht alleine treffen musste.

Wann können Sie hier sein, Frau Hassel-Meyer? Aber am besten stimmen Sie sich mit Ihrem Mann und vielleicht mit Frau Terodde ab und rufen mich dann umgehend zurück. Ich erwarte Ihren Rückruf bis spätestens 13 Uhr.“

Dann legt sie auf.

Jennifer weiß nicht, was sie denken soll. Es herrscht Leere in Ihrem Kopf. Da klingelt das Telefon erneut. Aber es ist nicht erneut die Lehrerin, es ist Belinda Terodde:

„Hallo Jennifer, hat Frau Pagelsdorff dich schon erreicht?“

„Ja, sie hat gerade eben aufgelegt. Ich weiß noch gar nicht, wo mir der Kopf steht …“

„Da haben die beiden ja ganz schön Mist gebaut. Ich habe gerade mit Dean telefoniert. Offensichtlich stimmt, was die Pagelsdorff erzählt hat: Die beiden Jungs haben tatsächlich Gras gekauft, wohl um es mal auszuprobieren. Er sagt, dass sowohl Caspar als auch er vorher nie etwas mit Drogen am Hut gehabt hätten. Gut, mal hier und da eine Zigarette geraucht oder auch mal an einem Schnaps genippt, aber nichts mit illegalen Drogen. So jedenfalls hat es mir Dean berichtet."

„Ich hatte noch keine Gelegenheit, mit Caspar zu sprechen.

Aber wie sollen wir das denn mit dem Abholen machen? Ich habe keine Idee, wo ich Curd-Jürgen und Melinda unterbringen soll?! Und wenn ich Carl-Michael anrufe, dann muss ich mir erst eine Litanei an Vorwürfen anhören, bevor es konstruktiv wird. Das möchte ich gerne vermeiden. Am liebsten wäre mir, wenn wir beide eine Lösung finden würden."

„Ich rufe mal meinen Vater an", macht Belinda einen Vorschlag, „vielleicht ist er so nett und holt die beiden Mädchen nachher von der Schule ab und vielleicht auch deinen Curd-Jürgen aus dem Kindergarten. Und vielleicht können die Kinder dann bis heute in der Nacht bei ihm bleiben."

„Das wäre toll, wenn das dein Vater macht. Aber können die Lehrer die Jungs nicht einfach in einen Zug setzen? Da gibt es doch sicher eine direkte Verbindung zwischen Berlin und Wuppertal?"

„Das habe ich auch sofort angeregt. Aber darauf lassen die sich nicht ein. Es ginge um die Aufsichtspflicht, die sie vor Ort wieder an uns übergeben müssten. Irgendwie hatte ich aber auch den Eindruck, dass wir als Eltern die Unannehmlichkeit spüren sollen, damit wir mit den beiden zu Hause nicht zu nachsichtig sind. Wie auch immer, ich glaube wir müssen hin. Mir passt das auch ganz und gar nicht. Ich habe übermorgen einen Abgabetermin und bin sowieso spät dran."

„Gut, dann frag bitte deinen Vater und meld dich wieder, ja? Wenn das in Ordnung geht, würde ich dich mit dem Auto abholen und wir machen uns auf den Weg nach Berlin. Ich telefoniere kurz mit Caspar, um zu hören, was er dazu zu sagen hat. Okay?"

„Okay, ich melde mich dann gleich wieder. Tschüss, bis gleich."

„Bis gleich."

Jenny legt auf und versucht sofort, Caspar zu erreichen. Aber der scheint sein Handy ausgestellt zu haben, denn es springt sofort seine Mailbox an:

„Caspar, hier ist deine Mutter. Was habt ihr denn da angestellt? Ruf mich mal bitte an und erklär mir, was da gelaufen ist. Ich bin echt sauer. Jetzt müssen Deans Mutter und ich nach Berlin fahren, um euch beide abzuholen. Meld dich – umgehend!", schickt sie ihm eine Nachricht.

Sie bleibt auf ihrem Sessel sitzen und wartet auf den nächsten Anruf, von wem auch immer.

Es ist Belinda, die bestätigt, dass ihr Vater sich um die drei Kleinen kümmert. Die beiden beschließen, direkt loszufahren und Frau Pagelsdorff von unterwegs Bescheid zu geben.

Vor Belindas Wohnung stellt Jennifer das Navi des ‚Panzers' ein: 540km und eine Fahrzeit von 5½ Stunden wird angezeigt.

„Hast du deinen Führerschein dabei? Wir müssen uns beim Fahren abwechseln."

„Ja, habe ich. Ist doch selbstverständlich. Ich habe uns etwas Proviant und eine Thermoskanne mit starkem Kaffee eingepackt. Dann müssen wir keine langen Pausen machen."

Los geht´s. Als sie auf der A1 sind, ruft Belinda Frau Pagelsdorff an und informiert sie, dass die beiden Mütter voraussichtlich gegen 18 Uhr in Berlin sein werden.

Jennifer ruft über die Freisprechanlage noch bei der Kita ‚Sonnenaufgang' an, damit Jacky Winterhof-Rümmeling weiß, dass Curd-Jürgen heute von seiner Schwester und dem Vater einer Bekannten abgeholt wird. Jetzt ist alles organisiert. Nur Carl-Michael weiß noch nicht Bescheid.

„Willst du nicht mal deinen Mann anrufen?", scheint Belinda ihre Gedanken gelesen zu haben.

„Der hat heute einen wichtigen Termin bei Gericht. Den kann ich im Moment sicher noch nicht erreichen", redet sich Jennifer raus. In Wirklichkeit hat sie keine Lust, sich in Belindas Beisein Carl-Michaels Vorwürfe anhören zu müssen.

Kurz vorm Kamener Kreuz meldet sich endlich Caspar. Jennifer nimmt den Anruf zwar an, aber nur um Caspar zu bitten, in fünf Minuten nochmal anzurufen. Sie müsse sich gerade sehr konzentrieren, die richtige Abfahrt zu nehmen.

Es vergeht eine Viertelstunde, bis sich Caspar erneut meldet. Er scheint es nicht eilig zu haben, sich rechtfertigen zu müssen.

„Hallo nochmal, Mama. Kannst du jetzt sprechen?"

„Ja, dann schieß mal los. Was habt ihr denn gemacht?"

„Frau Pagelsdorff hat mir gesagt, dass ihr unterwegs seid. Ich wäre ja nicht sofort losgefahren", beginnt er mit seiner Einschätzung der Situation, „die beruhigen sich schon wieder und am Ende ist alles gar nicht so schlimm. Und ihr seid umsonst gekommen."

„Das glaube ich nicht. Frau Pagelsdorff klang nicht so, als wenn sie sich schnell wieder beruhigen wollte. Und es als ‚nicht so schlimm' zu bezeichnen, dass ihr Drogen gekauft habt und die vermutlich ja auch nehmen wolltet, das halte ich für eine komplette Fehleinschätzung deinerseits."

„Mama, chill mal. Das ist doch wirklich kein großes Ding. Das waren doch nur etwas mehr als 20 Gramm. Das ist ja kaum der Rede wert."

„Caspar, ich glaube, du spinnst. Das klären wir, wenn du hier bei mir im Auto sitzt. Den Mist, den du mir gerade erzählst, kann ich im Moment nicht aushalten!"

Dann legt sie auf.

„Was ist denn mit dem los?", ärgert sich Jennifer.

„Ist der noch zugekifft? Na, warte, mein Freundchen!", spricht sie mehr zu sich selbst als zu Belinda.

„Das klingt wirklich ein bisschen, na, ich nenne es mal ‚verwirrt', was dein Junge gerade gesagt hat", bestätigt Belinda.

„Magst du mal einen Kaffee trinken?", versucht sie Jennifer auf andere Gedanken zu bringen.

„Ja, das täte gut. Danke."

Kurz vor Hannover steuern die beiden Frauen die Raststätte Garbsen Süd an. Jennifer kann sich nicht mehr konzentrieren und braucht dringend Ablösung als Fahrerin.

Während Belinda zur Toilette geht, schreibt Jennifer eine WhatsApp-Nachricht an Carl-Michael:

„Ich bin mit Belinda Terodde auf dem Weg nach Berlin, um Caspar und Dean abzuholen. Irgendwas mit Drogen. Habe alles im Griff. Es wird aber spät.“

Da steht Belinda auch schon wieder neben ihr:

„Alles okay?“

„Ja, alles okay.“

„Magst du ein Sandwich? Oder ein bisschen Obst? Hier, bedien dich, bitte“, bietet Belinda an und Jennifer nimmt sich ein paar Weintrauben. Beide trinken noch einen Becher Kaffee, bevor es weitergeht.

Eine Stunde später, Jennifers Blick ist gerade auf das Schild zur Ausfahrt Helmstedt West gefallen, klingelt ihr Smartphone – Carl-Michael ruft an:

„Was? Wo bist du? Ich habe gerade erst deine Nachricht gesehen.“

„Ich bin mit Belinda Terodde auf dem Weg nach Berlin, um unsere beiden Jungs abzuholen. Sie haben wohl Drogen gekauft und sind dabei erwischt worden.“

„Wer behauptet das?“

„Frau Pagelsdorff und Herr Schnalt haben die Drogen in den Rucksäcken der beiden gefunden.“

„Aber die können andere ihnen ja zugesteckt haben. Das beweist noch gar nichts. Und warum kontrollieren die überhaupt die Rucksäcke der beiden Jungs? Das ist überhaupt nicht rechtens.“

„Die beiden sind zu spät im Gästehaus gewesen und haben sich wohl komisch benommen und da haben die Lehrer Verdacht geschöpft.“

„Ich finde das reichlich voreilig von euch, dass ihr einfach losgefahren seid. Ich denke, man hätte zunächst mal die Rechtslage klären müssen. Hättest du das nicht erst mal mit mir besprechen sollen?"

„Wärst du denn zu erreichen gewesen? Ich habe dir die Nachricht vor über einer Stunde geschickt und jetzt erst meldest du dich. Nein, ich musste entscheiden, und Belinda und ich haben eben entschieden, die Situation nicht eskalieren zu lassen und die beiden abzuholen."

Carl-Michael wird kleinlaut und muss zugeben:

„Ja, ich war tatsächlich bis gerade in einem Meeting und hatte mein Handy abgestellt. Du hättest aber meine Sekretärin informieren können …"

„Und dann hättest du alles stehen- und liegenlassen und wärst nach Hause geeilt? Carl-Michael, jetzt sei bitte ehrlich mit dir und mit mir. Am Ende wäre es genauso abgelaufen, wie es jetzt gelaufen ist. Und ich wäre nur drei Stunden später losgefahren …"

„Aber …"

„Kein Aber. Du bist einfach nicht da, wenn es zu Hause brennt. Und nachher machst du mir noch Vorwürfe. Das bin ich echt leid."

Spricht´s und legt auf.

„Genau richtig. Wenn man sie braucht, sind sie nicht da. Und hinterher hätten sie alles besser gewusst", kann sich Belinda einen Kommentar nicht verkneifen.

„Im Großen und Ganzen ist Carl-Michael kein schlechter Mann und kein schlechter Vater. Er hat halt wirklich viel zu tun in der Kanzlei. Und man kann halt nicht alles haben, einen Mann, der viel Geld verdient und gleichzeitig viel zu Hause ist. Aber das habe ich ja vorher gewusst."

Wenn jemand von außen Carl-Michael angreift, dann verteidigt Jennifer ihren Mann, obwohl er sie wirklich manchmal zur Weißglut treibt mit seiner ewigen Rechthaberei - Rechthaberei im wörtlichen Sinn.

Das ist ein Muster, das ihr schon mehrfach aufgefallen ist: Sie kann noch so wütend auf ihren Mann oder ihre Kinder sein, aber wenn jemand anderes sie dann angreift, dann stellt sie sich vor ihre Familie und verteidigt sie wie eine Löwin.

Belinda gibt keine weiteren Kommentare und die beiden setzen die Fahrt wortlos fort, bis Jennys Smartphone durch ein ‚Ping' auf eine Nachricht von Carl-Michael aufmerksam macht:

„Entschuldige bitte. Ich bin froh, dass du dich kümmerst. Was ist mit Curd-Jürgen und Melinda?"

Jennifer schreibt zurück:

„Belindas Vater hat die Mädchen und Curd-Jürgen abgeholt. Sie müssten bei ihm zu Hause sein."

Wieder ein ‚Ping': „Wo? Dann hole ich die beiden nachher dort ab."

Belinda gibt ihr die Adresse, die sie dann an Carl-Michael schickt.

Vor Berlin wird das Autobahnnetz verworren und Jennifer muss Belinda helfen, die richtigen Abfahrten zu finden. Nach Dreieck Werder, Dreieck Potsdam und Dreieck Nuthetal ist Belinda, die über wenig Fahrpraxis verfügt, entnervt und so verlassen die beiden die Avus für einen Fahrerwechsel. Auch Jennifer ist den Großstadtverkehr nicht gewohnt, zumal sie gerade zur Rushhour in Berlin ankommen.

Es ist bereits Viertel vor 7, als die beiden Frauen auf dem Parkplatz des Jugendgästehauses ankommen.

Die Lehrer warten schon auf sie. Herr Schnalt begrüßt die beiden:

„Da sind Sie ja endlich. Wir haben schon gewartet. Das ist alles reichlich unerfreulich. Aber erst mal: Guten Abend, die Damen. Wie war die Fahrt?"

„Guten Abend zusammen. Hier in Berlin ist ja zur Rushhour kein Durchkommen. Deshalb die Verzögerung, die wir zu entschuldigen bitten."

„Guten Abend", wünscht auch Belinda.

„Ja, ich weiß auch leider nicht, was in die beiden gefahren ist. Wie kommen die auf die Idee, Drogen zu kaufen?", gibt sich Kevin Schnalt ratlos.

„Ich versichere Ihnen, dass Dean und, ich denke, auch Caspar bisher nichts mit Drogen am Hut hatten. Ich für meinen Teil kann das auch nicht erklären. Ich weiß auch nicht, wo das Geld dafür hergekommen sein soll? Das muss doch mehrere hundert Euro gekostet haben. Ich habe jedenfalls Dean nicht so viel Geld mitgegeben", sagt Belinda.

„Offensichtlich hatten Dean und Caspar sehr viel Geld durch Nachhilfe verdient und offensichtlich war es den beiden das viele Geld wert. Natürlich behaupten beide, dass sie das Gras selbst rauchen wollten. Und nur weil es keine Anzeichen dafür gab, dass sie das Zeug weiterverkaufen wollten, haben wir die Polizei rausgehalten."

„Danke, das ist wirklich sehr nett. Ich hoffe, dass die beiden Jungs sich für den Unfug wenigstens entschuldigt haben?", fragt Jennifer.

„Ja, Dean hat sich entschuldigt und ihm war das sichtlich unangenehm“, lässt Frau Pagelsdorff offen, wie Caspar reagiert hat. Jennifer ahnt nichts Gutes.

„Wo sind die beiden Übeltäter?“

„Wir rufen die gleich runter. Aber vorher muss ich Ihnen beiden sagen, dass es neben dem Ausschluss von der Klassenfahrt natürlich weitere schulrechtliche Konsequenzen geben wird. Wir werden für beide weitere Ordnungsmaßnahmen verhängen müssen. Dazu bekommen Sie als Eltern dann Einladungen zu entsprechenden Teilkonferenzen, bei denen über die Höhe der Strafe entschieden werden wird.“

Belinda und Jennifer müssen schlucken. Reicht es denn nicht, dass die beiden nach Hause müssen? Aber keine der beiden wagt, dies als Frage zu äußern.

Die beiden Jungen werden nun geholt und kommen mit ihren gepackten Reisetaschen.

Dean sagt:

„Tschüss, Frau Pagelsdorff, tschüss Herr Schnalt. Ich möchte mich nochmals für die Dummheit, die wir beide begangen haben, entschuldigen und auch für die Mühe, die Sie beide dadurch hatten.“

Caspar schließt sich an, reicht erst Frau Pagelsdorff die Hand und sagt ihr „Tschüss.“ Dann gibt er Herrn Schnalt die Hand und sagt ebenfalls:

„Tschüss. Und können wir bitte das Marihuana haben, es ist ja schließlich unseres.“ Jennifer reißt ihn weg und blickt ihn böse an. Caspar reagiert mit Unverständnis:

„Was?!“

Kevin Schnalt versucht ruhig zu bleiben:

„Das Marihuana behalte ich natürlich zunächst als Beweismittel.“

Und an Jennifer gerichtet, ergänzt er:

„Da gibt es aber eine Menge zu besprechen auf der Rückfahrt, denke ich. Ich wünsche Ihnen, dass Sie die richtige Ansprache finden. Und dann gute Heimfahrt.“

Jennifer nickt mit dem Kopf, reicht ihm die Hand und verabschiedet sich von den beiden Lehrern:

„Danke, dass Sie beide sich gekümmert haben und Entschuldigung für Caspars Verhalten. Er ist nicht immer so. Ja, da gibt es einiges zu besprechen, nicht nur auf der Rückfahrt. Auf Wiedersehen und trotz allem noch schöne Tage hier in Berlin.“

Auch Belinda verabschiedet sich und dann geht es auf die Heimfahrt. Es ist bereits nach halb acht.

Jennifer, die die erste Fahrtstrecke übernimmt, macht gleich eine Ansage an die beiden Jungen:

„Ich will nichts von euch beiden hören, keinen Mucks, bis wir auf der A2 sind. Dann geht´s immer geradeaus und ich brauche nicht mehr so viel Konzentration und dann können wir reden.“

Sie bittet Belinda, sie bei der Navigation zu unterstützen.

Als sie das Dreieck Werder, nun in die andere Richtung, hinter sich gelassen haben, beginnt Jennifer mit ihren Fragen:

„Wie kommt ihr auf die Idee, Drogen zu kaufen?“

Caspar beginnt:

„Wir wollten das halt mal ausprobieren. Du sagst doch auch immer, dass ich offen sein soll und neugierig. Na ja, und in Berlin erschien es uns wesentlich einfacher, an Gras zu kommen, als bei uns in unserem Kaff."

„Du weißt aber schon, dass Drogenbesitz illegal ist und du somit eine Straftat begangen hast? Sonst musst du deinen Vater mal um Aufklärung bitten. Und seid beide froh, dass euer Schulleiter euch bzw. uns als Erziehungsberechtigte nicht angezeigt hat."

„Ich glaub´ ja, dass der Schnalt das nur nicht gemacht hat, weil er sich selbst gerne mal einen Joint reinzieht. Und das kann er jetzt mit unserem Gras. Das ist doch ungerecht. Und wir gehen leer aus."

„Geht´s noch? Du scheinst gar nicht zu verstehen, worum es geht. Es geht hier um eine Straftat, für die man als Erwachsener im Gefängnis landen kann. Und du als Minderjähriger kannst im schlimmsten Fall aus der Familie genommen werden und musst in einem Heim leben. Kapierst du das eigentlich nicht?"

„Aber kiffen tun doch alle. Wir sind doch nicht die Ausnahme. Eigentlich sind wir die Ausnahme, wenn wir nichts nehmen."

„Er versteht es einfach nicht, oder er will es nicht verstehen. Belinda, sag doch auch mal was dazu."

Belinda wendet sich an ihren Sohn:

„Dean, was sagst du denn zu dem Ganzen?"

„Caspar hat es richtig gesagt: Wir wollten Marihuana mal ausprobieren, mal die Erfahrung machen, ja, auch um mitreden zu können. Es war doof, dass wir uns gleich so viel haben aufschwatzen lassen. Und natürlich weiß ich, dass das nicht legal ist, und ich weiß auch, dass man Gesetze beachten muss und dass man sich, auch mit noch so guten Gründen, nicht über Gesetze hinwegsetzen darf, weil sonst unser ganzes gesellschaftliches Gefüge zusammenbricht. Mama, das haben wir alles hundertfach besprochen, und das habe ich auch verstanden. Und es tut mir leid, dass ich so einen Quatsch gemacht habe."

„Du Schleimer", tituliert ihn Caspar.

Dean guckt verlegen nach unten. Er fühlt sich einerseits schuldig, andererseits auch wie ein Verräter gegenüber Caspar. Man wird sehen, welches Gefühl am Ende die Oberhand gewinnt.

Endlich äußert sich auch Belinda:

„Ich denke, dass Jungs in eurem Alter auch neugierig sein müssen und was ausprobieren müssen. Aber hier seid ihr beiden eindeutig übers Ziel hinaus geschossen. Ich glaube, das wisst ihr beide auch, oder?"

Dean nickt zustimmend, Caspar guckt gelangweilt aus dem Fenster.

„Mich würde wirklich interessieren, woher ihr das Geld für euren Großeinkauf hattet. Das Zeug hat doch sicher mehrere hundert Euro gekostet?"

„Mama, kannst du dich erinnern, dass ich Caspar Nachhilfe gegeben habe? Da ist schon ein bisschen was zusammengekommen."

„Heißt dass, dass du die Drogen alleine bezahlt hast?"

Dean schweigt und guckt wieder nach unten. Er will an dieser Stelle nicht auch noch erklären müssen, dass er sich den Nachhilfelohn mit Caspar geteilt hat, weil sie ja die Zeit nach den anfänglichen Lernerfolgen mit Zocken am PC verbracht und eigentlich gar keinen Lohn verdient hatten.

„Keine Antwort ist auch eine Antwort“, stellt Belinda fest.

„Wenn Dean die Drogen gekauft hat, dann war am Ende er die treibende Kraft“, denkt Jennifer. Bis gerade hatte sie Dean eher für den Mitläufer und Caspar für den Initiator gehalten. Vielleicht war es tatsächlich andersherum?

„Woher wusstet ihr denn, wo ihr in Berlin überhaupt Drogen bekommt?“

Caspar antwortet lapidar: „Internet.“

„Du solltest dir gute Antworten für deinen Vater überlegen, mein Sohn. Der wird sich nicht mit solch patzigen Antworten zufriedengeben, da sei sicher!“

Nachdem Caspar nichts erwidert, tritt eine Gesprächspause eine, die er am Ende nutzt, um seine Airpods rauszukramen und Musik zu hören.

„Was soll ich mit dem nur machen?“, wendet sich Jennifer verzweifelt an Belinda.

Belinda bestätigt ihr leider, dass auch sie Caspar für wenig einsichtig hält. Das genau will Jennifer aber jetzt gar nicht hören. Besser hätte ihr gefallen, wenn Belinda so einen Satz wie ‚Nur die Ruhe, das wird schon wieder‘ gesagt hätte.

„Vielleicht muss Carl-Michael mal richtig auf den Tisch hauen?! Und es müssen definitiv Konsequenzen aus seinem Fehlverhalten folgen. Da es auch was mit Geld zu tun hatte“, dabei dreht sich Belinda zu Dean um, um ihm in die Augen sehen zu können, „werde ich Dean auf jeden Fall das Taschengeld bis auf Weiteres kürzen.“

„Mann, Mama“, quengelt der, scheint sich aber schnell zu fügen.

„Das ist ja auch wohl das Mindeste“, guckt Jennifer Dean im Rückspiegel an.

Nach einer Weile des Schweigens holt auch Dean seinen Kopfhörer aus dem Rucksack und stülpt ihn sich über die Ohren. In der Hoffnung, dass die beiden Jungs jetzt von ihrem Gespräch nichts mehr hören können, richtet Jennifer das Wort wieder an Belinda:

„Und trotzdem werde ich das Gefühl nicht los, dass das bei Caspar alles nicht reicht. Er ist uns entglitten, und ich weiß nicht, wie wir ihn wieder in die Spur kriegen?!

Kennst du Dr. Thomas Sommer, den Psychiater und Bestsellerautor? Ich habe ein Buch von ihm gelesen. Darin beschreibt er, dass immer mehr Heranwachsende keine ausreichende emotionale Intelligenz ausgebildet hätten und nur noch sich sehen würden. Narzissmus ist wohl der Fachausdruck für solches Verhalten. In diesem psychischen Bereich befänden sie sich auf der Stufe eines Kleinkindes.

So im Alltag fiele das den Eltern wohl kaum auf. Sie würden ihre Kinder ja nur so kennen. Aber als ich gerade Caspars Reaktionen beobachtet habe, da fühlte ich mich doch sehr stark an die Beispiele in seinem Buch erinnert.

Er sagt, der Grund für diese Verhaltensstörung läge darin begründet, dass die Eltern ihr Kind als ein Organ ihres eigenen Körpers empfinden würden. Wenn dem Kind etwas wehtäte, dann würden die Eltern es als eigenen körperlichen Schmerz empfinden. Dementsprechend würden sie alles abwehren, was dem Kind Schmerz bereiten könnte. Sie würden es in Zuckerwatte packen. Und das Kind hätte nicht die Möglichkeit, eigene Erfahrungen zu machen, die es dementsprechend reifen ließen und emotional stärken würden. So habe ich es jedenfalls verstanden.

Und wenn ich mir objektiv anschaue, was Caspar da gerade in Berlin abgezogen hat, dann frage ich mich wirklich, ob es ihm auch an dieser emotionalen Intelligenz mangelt bzw. er auch unter diesem Narzissmus-Phänomen leidet?!

Ist es denn so, dass ich Caspar auch in Watte gepackt habe, als er noch kleiner war? Hat es mir auch körperlich wehgetan, wenn ihm jemand was wollte? Und ist das nicht auch normal für eine Mutter, dass sie versucht Schaden von ihrem Kind abzuwenden?“

„Hm. Von Dr. Thomas Sommer habe ich leider noch nichts gehört. Aber es klingt interessant, was du da berichtest. Ich habe auch den Eindruck, dass immer mehr Jugendliche nur noch sich selber sehen.

Andererseits glaube ich auch, dass es wichtig ist, dass Eltern zu ihren Kindern halten und für sie einstehen. Natürlich heißt das nicht, dass wir Eltern jedes Fehlverhalten unserer Sprösslinge decken müssen.“

Sie macht eine Pause und denkt nach. Dann sagt sie:

„Vielleicht müssen Eltern lernen, ihre Kinder mit zunehmendem Alter immer mehr in die Verantwortung für ihr Handeln zu nehmen und sie mit den Konsequenzen zu konfrontieren. In der Kleinkindzeit muss das Kind die unbedingte Fürsorge seiner Eltern spüren, damit es Urvertrauen ausbilden kann. Je älter die Kinder werden, je mehr sie die Welt verstehen, desto mehr müssen sie auch Verantwortung für sich übernehmen. Diese Gratwanderung hinzubekommen, glaube ich, ist unsere Aufgabe."

„Wenn das stimmt, was du da sagst, was ist dann für welches Alter das Angemessene? Wenn das stimmt, woher weißt du denn, was du Dean oder auch Romy zumuten kannst oder musst und wo du sie andererseits beschützen musst? Ich finde das alles sehr schwer!"

„Ja, ich glaube auch, dass wir das heute in unserer komplizierten Zeit nicht mehr intuitiv als Mütter hinbekommen. Vielleicht müsste es doch so etwas wie Erziehungskurse geben, bevor man Kinder in die Welt setzt. Ich bin auch oft unsicher, wie ich mit den beiden umgehen soll, was richtig und was falsch ist. Und ehrlich gesagt, mein Vater ist in dieser Beziehung auch niemand, der mir da helfen kann. Wenn ich den was frage, zuckt der nur mit den Schultern. Und meine Mama ist ja leider schon lange tot."

„Ja, meine Eltern waren in Erziehungsfragen auch nie eine große Hilfe und mittlerweile ist der Kontakt zu ihnen fast völlig abgerissen. Und Carl-Michael traue ich, ehrlich gesagt, das mit der Intuition noch weniger zu als mir. Von der Konstanz und Kontinuität ganz zu schweigen. Also bin ich in Erziehungsfragen auch nicht besser dran als du. Wir müssen beide alleine entscheiden, so wie es aussieht, oder?"

„Aber vielleicht können wir uns ja gegenseitig ein bisschen stützen? Ich hätte gerne jemanden wie dich, den ich mal anrufen könnte, wenn ich nicht weiter weiß. Und es geht ja gar nicht darum, immer perfekten Rat zu wissen. Manchmal wird einem selbst beim

Sprechen über ein Problem das eine oder andere klarer. Was denkst du?“

„Ja, das wäre schön. Manchmal fühle ich mich mit den ganzen Erziehungsfragen wirklich überfordert und wenn ich dich dann anrufen könnte, würde das sicher helfen. Und wie du schon sagst: Manchmal kommt die Lösung beim Sprechen von alleine.“

„So hat der Ausflug nach Berlin am Ende des Tages doch noch etwas Gutes gehabt“, denkt Jennifer.

Gute Freundinnen zu haben, oder wenigstens jemanden, mit dem man sprechen kann, der dieselben Probleme kennt, ist eben wichtig im Leben.

Mittwoch, 6. November

Ordnungsmaßnahme für Dean

Carl-Michael hat alles getan, dass Caspar keine Ordnungsmaßnahme bekommt. Bereits einen Tag nach dem Vorfall hat er begonnen, seinen Kompagnon Dr. Tobias Schnalt, den Vater des Schulleiters, zu bearbeiten, dass der Einfluss auf seinen Sohn nimmt, die Ordnungsmaßnahme fallenzulassen.

Dazu sind Anwälte ja nun wirklich gut: So hat er zunächst Zweifel gesät, dass Caspar wirklich etwas mit dem Kauf der Drogen zu tun gehabt hätte, ihn eher als Mitläufer dargestellt. Woher solle er das viele Geld gehabt haben, er hätte nur das reguläre Taschengeld zur Verfügung gehabt im Gegensatz zu Dean, der ja das viele Geld durch die Nachhilfe hatte und das ja auch zugegeben hatte. Es gelte die Unschuldsvermutung, Beweise und Geständnisse seitens Caspar gäbe es nicht. Und darüber hinaus hätte es durch den Ausschluss von der Klassenfahrt ja bereits eine Bestrafung gegeben und im Strafrecht könne man für dieselbe Tat nicht doppelt bestraft werden.

Als sie dann der Einladung zum Elterngespräch von Kevin Schnalt gefolgt waren, hatte Carl-Michael so eingängig argumentiert, dass es am Ende auf Seiten der Klassenlehrerin und des Schulleiters zu viele Zweifel gab, die Teilkonferenz für Caspar einzuberufen. Es war deutlich zu spüren, dass gerade Frau Pagelsdorff aus ihrem Gefühl heraus Caspar für den eigentlichen Drahtzieher des Drogenkaufs hielt, aber am Ende musste auch sie sich Carl-Michaels Argumentationskette geschlagen geben. Gelernt ist gelernt, hatte Carl-Michael nach dem Gespräch mit einem Schmunzeln zu Jennifer gesagt. Die Ordnungsmaßnahme für Caspar war vom Tisch. Jennifer konnte aufatmen.

Zwar galten die meisten Argumente Carl-Michaels auch für Dean, aber da der Schulleiter gegenüber der Schulgemeinde meinte, ein Zeichen setzen zu müssen, hatte er die Teilkonferenz, die über eine Ordnungsmaßnahme für Dean zu entscheiden hatte, für den heutigen Mittwoch einberufen. Jennifer hatte natürlich auch eine Einladung erhalten, denn sie war ja auf der letzten Schulpflegschaftsversammlung zur Elternvertreterin in die Ordnungsmaßnahmen-Teilkonferenz gewählt worden.

Jetzt holt sie Belinda Terodde zu Hause ab, um mit ihr gemeinsam zur Schule zu fahren. Das erste was Belinda wissen will, nachdem sie zu Jennifer ins Auto gestiegen ist, ist:

„Du bist doch einerseits als Elternteil und andererseits als Elternvertreterin eingeladen. Ist das nicht ein gewisser Interessenkonflikt? Oder gibt es eine Vertretung für dich in der Rolle als Elternvertreterin?“

„Oh, du weißt das noch gar nicht“, zeigt sich Jennifer erstaunt, „Carl-Michael hat es bei dem Elterngespräch mit Herrn Schnalt und Frau Pagelsdorff geschafft, die Teilkonferenz für Caspar abzubügeln. Es gibt heute also nur die Konferenz für Dean. Aber keine Bange, ich werde dich so gut unterstützen wie ich kann, das ist doch Ehrensache.“

„Das verstehe ich jetzt aber nicht? Wenn es für Caspar keine Konferenz gibt, warum gibt es denn dann eine für Dean?“

„Dean hat ja zugegeben, dass er das Geld für die Drogen mit nach Berlin genommen hatte. Und das macht halt für die Lehrer wohl den entscheidenden Unterschied“, antwortet Jennifer reichlich arglos.

„Aber das ist doch gar nicht wahr. Dean hat mir gestanden, dass er sich das Nachhilfegeld, das ihr ihm gegeben habt, mit Caspar brüderlich geteilt hat. Nach anfänglichem Üben sind die beiden wohl mehr und mehr dazu übergegangen, die Übungszeit mit anderen Dingen, etwa mit Computerspielen, zu verbringen. Es sei dann Caspars Idee gewesen, das Geld trotzdem zu nehmen, es aber hälftig zu teilen. Also verfügten beide über gleichermaßen viel Geld in Berlin. Und so wie es mir Dean geschildert hat, ist die Idee zum Drogenkauf von Caspar gekommen. Und genau das wird Dean auch gleich so vortragen.“

„Das klang aber auf unserer Rückfahrt von Berlin noch ganz anders. Da hat Dean doch zugegeben, dass er das viele Geld hatte.“

„Na, es war ihm halt peinlich, dass die beiden euch damals schon mehr oder weniger betrogen hatten, weil Dean das Geld von euch genommen hat, obwohl er dafür keine Gegenleistung erbracht hatte. Und er will halt auch Caspar nicht in den Rücken fallen. Du hast doch gehört, dass Caspar ihn gleich als ‚Schleimer‘ tituliert hat, als er sich einsichtig gezeigt hatte. Weißt du eigentlich, was für einen Druck dein Sohn aufbauen kann, damit Dean nach seiner Pfeife tanzt?“

„Hey, hey, so ist Caspar nicht. Verteufle ihn nicht. Caspar hat auch viele gute Seiten."

„Ich erinnere dich an unser Gespräch auf dem Rückweg von Berlin. Da warst du sehr ratlos, weil Caspar sich so strange verhält. Und jetzt, wo das Konsequenzen haben könnte, ist alles nicht so schlimm und dein Caspar ist plötzlich das Unschuldslamm."

Belinda redet sich jetzt langsam in Rage: „Und was ist jetzt mit all dem, was du aus diesem Buch von diesem Psychologen gelernt hast? War das nur Gerede? Oder müssten hier an dieser Stelle nicht mal Konsequenzen folgen, die Caspar selbst tragen muss? Und nicht wieder du, damit dir körperlich nichts weh tut, weil Caspar Mist gebaut hat?"

„Jetzt mach aber mal halblang. Woher weißt du eigentlich, dass dein ach so toller Dean dich nicht anlügt? Schließlich drohen ihm ja auch Konsequenzen und vielleicht ist das ja sein Weg, um diese Konsequenzen nicht tragen zu müssen. Und wenn er sich deiner Unterstützung sicher ist, hat er bessere Karten, auch die Lehrer überzeugen zu können."

„Also, wenn du es genau wissen willst, dann sage ich dir jetzt frei raus, dass ich meinem Sohn mehr vertraue als deinem Bengel. Caspar ist für mich, und so hast du es selbst gesagt, ein Narzisst, der nur sich selbst und seinen Vorteil sieht. Und darüber hinaus ist er sehr manipulativ. Du hast selbst gesagt, er sei euch entglitten. Und Dean soll jetzt alleine die Konsequenzen tragen. Nein, Jennifer, nicht mit mir."

Das ist das letzte Wort, das die beiden Frauen auf dem Weg zur Schule wechseln. Vor der Schule angekommen, steigt Belinda eilig aus, knallt die Tür zu und lässt Jennifer am Auto stehen.

In der Konferenz trägt Frau Pagelsdorff zunächst das Geschehene aus ihrer Sicht vor. Klar wird, dass sie in Dean den Mitläufer sieht, dass er sich aber leider zu dem Kauf der Drogen bekannt hat, während Caspar sich nicht geäußert hat.

„Da Dean sehr viel Geld mit nach Berlin genommen hat, bleibt leider der Verdacht, dass er der Initiator war. Auch wenn mein Gefühl mir etwas anderes sagt, komme auch ich an diesem Indiz nicht vorbei.“

Kevin Schnalt ergänzt: „Ja, so ist es nun einmal. Dean, diese Indizien und dein Bekenntnis zum Drogenkauf sprechen gegen dich. Sowohl Caspar als auch du seid durch den Abbruch der Klassenfahrt bereits gestraft. Aber wir müssen hier auch ein Zeichen setzen, dass Drogen an unserer Schule ein No-Go sind. Und da alles dafür spricht, dass du der Initiator warst, empfehle ich der Teilkonferenz eine Ordnungsmaßnahme. Welche, das werden wir gleich diskutieren. Aber jetzt sollst du das Wort haben und etwas zu deiner Verteidigung vorbringen können. Bitte, Dean.“

„Ja, Sie beide haben recht und ich habe mich ja zu dem Offensichtlichen bereits in Berlin bekannt: Caspar und ich sind am Dienstagabend zum Görlitzer Park gefahren und haben nach einem Dealer Ausschau gehalten. Es war Caspars Idee, dass wir mal einen Joint ausprobieren. Eigentlich wollten wir nur Gras für einen Joint kaufen, haben uns aber dann die 25 Gramm aufschwatzen lassen. Das Geld dafür stammte aus der Nachhilfe, die ich Caspar im letzten

Schuljahr gegeben habe. Allerdings haben wir das Geld brüderlich geteilt, weil wir beide nämlich nicht wirklich viel zusammen geübt haben. Nachdem es erste Erfolge durch die Nachhilfe gegeben hatte, haben wir die Zeit zunehmend mit anderen Sachen verbracht. Caspar meinte aber, seine Eltern hätten genug Geld und wir würden einfach weiter so tun, als ob ich ihm ernsthaft Nachhilfe erteile. Dafür wollte er aber die Hälfte des Geldes für sich haben."

Dean richtet jetzt seinen Blick auf Jennifer: „Ja, ich war einverstanden und das war unehrlich und ich möchte mich dafür hier bei Ihnen entschuldigen, Frau Hassel-Meyer. Ich für meinen Teil werde Ihnen die 165,-€, also meinen Anteil des Nachhilfelohns, zurückzahlen. Das habe ich mit meiner Mutter schon so besprochen."

Er sieht wieder zu seinem Schulleiter und seiner Klassenlehrerin, die nebeneinander sitzen: „Gut, das ist der Grund, weswegen Caspar und ich so viel Geld dabei hatten. Ich war es also nicht alleine, der das Geld für das Marihuana aufgebracht hat.

Und ich war auch nicht derjenige, der den Vorschlag gemacht hat. Der kam von Caspar. Ja, ich habe mitgezogen, sicher, weil ich mir vor Caspar keine Blöße geben wollte. Ja, aber ich war auch neugierig, wie das ist, einen Joint zu rauchen. Das muss ich zugeben. Es wäre das erste Mal gewesen. Soweit ich weiß, hat auch Caspar bisher keine Drogenerfahrungen gemacht.

Anscheinend war es dumm von mir, dass ich in Berlin offen zugegeben habe, dass wir das Gras gekauft haben. Caspar war, vielleicht auch weil sein

Vater Anwalt ist und er besser weiß, wann man den Mund hält, geschickter. Aber dass jetzt alles mir angelastet werden soll, das ist nicht richtig. Ich habe mit mir reden lassen, habe meinen Fehler ehrlich eingestanden und Reue gezeigt und jetzt soll ich der Dumme sein, der Einzige, dem eine Strafe droht? Das kann doch nicht sein!“

Belinda ergänzt: „Genau. Wir wollen, dass unsere Kinder lernen, auch lernen, Fehler einzusehen und einzugestehen. Genau das haben sie gerade von meinem Sohn gehört. Das spricht ihn nicht frei von Schuld und das weiß er auch. Aber dass er jetzt, weil er keinen Vater hat, der ihn mit gewieften Argumenten aus der Sache rausquatscht, der Hauptübeltäter sein soll, das kann ich nicht nachvollziehen. Wenn er jetzt als Drahtzieher verurteilt wird, wie wird er sich wohl in Zukunft in ähnlichen Situationen verhalten, was wird er aus diesem Vorfall gelernt haben? Vermutlich wird auch er in Zukunft jegliche Verantwortung ablehnen, denn offensichtlich ist derjenige der Dumme, der Verantwortung übernimmt und kooperiert. Wollen Sie alle, die Sie gleich über eine Ordnungsmaßnahme für meinen Sohn entscheiden, dass er das lernen soll?“

Kevin Schnalt bemüht sich die Schärfe aus der Debatte zu nehmen: „Aber Frau Terodde, es geht hier doch nicht um eine Verurteilung. Wir alle kennen Dean und wissen, dass er kein übler Junge ist. Aber es kann eben auch nicht sein, dass sein Verhalten ungestraft bleibt. Denn sonst senden wir ihm, aber auch den anderen Schülern ein falsches Signal. Dann würden wir sagen, ihr könnt Mist bauen, wie ihr wollt, es bleibt ohne Folgen für euch. Da stimmen Sie mir doch sicher zu, Frau Terodde. Das geht doch nicht!“

„Ja, aber darum geht es doch hier gar nicht. Nochmal: Caspar und Dean sind beide schon gestraft, weil wir sie von der Klassenfahrt nach Hause holen mussten. Jetzt geht es darum, ob einer von beiden der Initiator war. Derjenige soll zusätzlich eine Bestrafung in Form einer Ordnungsmaßnahme erhalten. Da kann ich tatsächlich auch mitgehen. Ich kann nur nicht erkennen, warum mein Sohn dafür alleinig in Frage kommen soll. Laut seiner Aussage war Caspar der Initiator und eigentlich müsste er deshalb hier sitzen.“

„Nun, die bisherigen Aussagen und Einlassungen legen nahe, dass derjenige, der vermutlich den Kaufpreis entrichtet hat, auch derjenige ist, der initiativ geworden ist. Das klingt für mich jedenfalls logisch.“

Er wendet sich einem Kollegen zu, der sich zu Wort meldet: „Bitte, Herr Dr. Krawicz.“

„Als einer der Lehrervertreter in dieser Konferenz möchte ich die Frage in den Raum stellen, wie glaubwürdig die Aussage von Dean hier vor der Konferenz ist. Jetzt, wo ihm ernsthafte Konsequenzen drohen, überlegt er sich, dass das Geld für die Drogen nicht von ihm alleine stamme. Bisher war hier jedem klar, dass er das Geld alleine aufgebracht hat, also auch ihm letztendlich das Marihuana gehört, er also mithin der Haupttäter ist.“

„Ich möchte nicht, dass wir hier von ‚Tätern‘ sprechen“, weist ihn Kevin Schnalt zurecht.

„Nun gut, dann Delinquent, wenn´s recht ist? Jedenfalls klingt deine Geschichte, Dean, nicht sehr glaubwürdig.

Durch Zufall, weil sie als Elternvertretung in dieser Konferenz sitzt, ist ja auch Caspars Mutter anwesend. Wie hat sich Caspar denn zu dem Thema geäußert?"

„Nun, Caspar ist sehr verschlossen. Er sagt nichts zu dem Vorfall. Ich war aber bis gerade auch davon ausgegangen, dass Dean das Geld für den Drogenkauf beigesteuert hat, und für mich war klar, dass er damit der Initiator war. Natürlich werde ich Caspar zu Deans Version befragen, aber ob er sich dazu äußert, kann ich nicht wissen. Und es bringt uns ja jetzt auch nicht weiter."

„Da sehen Sie es", mischt sich jetzt noch einmal Belinda Terodde ein, „der Anwaltssohn weiß genau, was er machen muss, damit er sich nicht selbst belastet. Aber seien Sie alle hier im Raum gewiss, dass Dean das nach diesem Schmierentheater hier auch für die Zukunft gelernt haben wird: Klappe halten und unterschwellig andere verdächtigen. So geht das nämlich!"

„Jetzt muss ich Sie aber bitten, Frau Terodde …", ruft der Schulleiter sie zur Ordnung. Jennifer blickt betreten nach unten. Sie weiß: Das war es wohl mit der gerade gewonnenen Freundschaft zu Belinda Terodde.

„Ich finde es prekär", mischt sich jetzt der Schülervertreter, ein junger Mann aus dem Abschlussjahrgang, ein, „dass wir hier über eine Ordnungsmaßnahme befinden sollen, obwohl der Sachverhalt nicht geklärt ist. Offensichtlich steht hier Aussage gegen

Aussage, oder besser gesagt, Aussage gegen Nicht-Aussage. Alles, was wir hören, sind Vermutungen. Ich möchte dafür plädieren, keine weitere Ordnungsmaßnahme auszusprechen, und Dean und Caspar sind durch die versäumte Klassenfahrt schon reichlich bestraft. Schlussendlich gilt die Unschuldsvermutung."

„Das klingt alles sehr nach Gericht und Verurteilung. Aber das ist es nicht. Es geht hier lediglich um eine Ordnungsmaßnahme. Aber die ist mir wichtig, um ein Zeichen an dich, Dean, aber auch an andere Schüler zu senden, die denken, sie hätten doch nur ein bisschen Blödsinn gemacht und alles wäre halb so schlimm. Ich sage es noch einmal, wie es ist: Ein Drogendelikt ist eine Straftat, die regulär polizeilich verfolgt wird, wenn sie zur Anzeige gebracht wird. Nun, das haben wir nicht gemacht. Aber weniger als eine Ordnungsmaßnahme geht eben auch nicht.

Gibt es noch weitere Äußerungen oder können wir über die Maßnahme befinden?"

Da sich niemand meldet, müssen Mutter und Sohn Terodde nun den Raum verlassen. Über die Ordnungsmaßnahme stimmen nur die Mitglieder der Konferenz ab.

Kevin Schnalt schlägt vor, Dean in eine parallele Lerngruppe, so heißt es in §53 des Schulgesetzes, zu versetzen.

Wenn er in einer anderen Klasse sei, so sein Argument, wäre die Zeit mit Caspar reduziert und die beiden könnten sich gegenseitig weniger zu irgendwelchem Blödsinn anstiften. Insgesamt müsse das doch im Sinne aller Beteiligten sein. Frau Pagelsdorff, die lieber Dean in ihrer Klasse behalten würde, wendet ein: „Aber mit demselben Argument könnten wir auch Caspar in eine andere Klasse schicken?!"

„Bitte, liebe Kollegin, das steht doch hier gar nicht zur Debatte. Wir entscheiden hier und heute über eine Ordnungsmaßnahme für Dean.

Ich bitte um weitere Anmerkungen in eben dieser Sache…"

Bei allen Beteiligten bleibt ein Geschmäckle, wie es der Schwabe ausdrücken würde. Aber keiner meldet sich zu Wort.

„Gut, dann sind wohl alle Argumente ausreichend gewürdigt und wir kommen zur Abstimmung…"

Mit vier Stimmen für die Ordnungsmaßnahme fällt das Ergebnis äußerst knapp aus. Der Schülervertreter stimmt dagegen und Jennifer und Frau Pagelsdorff enthalten sich der Stimme.

Herr Schnalt bittet Frau Pagelsdorff, Dean und seine Mutter wieder hinzuzuholen.

„Dean, Frau Terodde, die Konferenz hat als Ordnungsmaßnahme beschlossen, dass Dean in eine andere Neunerklasse versetzt wird. Es tut Dean und Caspar sicher gut, dass sie sich nicht mehr so häufig sehen. So kommen beide hoffentlich weniger auf dumme Gedanken. Das ist zumindest die Absicht, die dieses Gremium mit dieser Ordnungsmaßnahme verfolgt. Ich hoffe, dass Sie, Frau Terodde, das entsprechend begleiten und Dean helfen, den Kontakt zu Caspar darüber hinaus zu reduzieren."

„Da können Sie aber sowas von sicher sein, dass ich ihn dabei unterstütze!" gibt Belinda patzig zurück und schaut Jennifer dabei böse an.

„Sie bekommen selbstverständlich eine Protokollkopie dieser Sitzung und eine schriftliche Begründung für die Ordnungsmaßnahme in den nächsten Tagen zugestellt“, schließt der Schulleiter die Konferenz und bedankt sich bei den Anwesenden für ihre konstruktive Mitarbeit.

Ohne ein weiteres Wort sind Belinda und Dean verschwunden. Jennifer fragt sich, wie die beiden jetzt nach Hause kommen, als wenn das eine entscheidende Frage wäre.

Ihre Hoffnung, endlich jemanden zu haben, mit dem sie über Erziehungsfragen auf Augenhöhe sprechen kann, ist wie eine Seifenblase zerplatzt. Und warum? Weil sie es wieder einmal nicht geschafft hat, dass Caspar die Verantwortung für den Mist, den er gebaut hat, selbst tragen muss. Carl-Michael hat dieses Mal die Kohlen für Caspar aus dem Feuer geholt. Über seine Gründe will sie sich lieber kein Urteil erlauben: Vermutlich ging es ihm erneut mehr um sein Ansehen in der Kanzlei als darum, Schaden von Caspar abzuwenden.

Aber auch sie hätte gerade in der Konferenz das Blatt zum Guten wenden können, indem sie Dean und Belinda unterstützt und ihren Sohn belastet hätte. Sie hat erneut nach altem Muster den Mund gehalten. Bei allem, was sie in letzter Zeit, auch im Gespräch mit Belinda, erkannt hat, hätte sie sich nicht wieder vor Caspar stellen dürfen. Das wird ihr mit einem Schlag bewusst. Chance verpasst, Freundin verprellt. Wieder hat Jennifer nicht so gehandelt, dass sie dem, was wirklich zählt in der Erziehung, Vorrang eingeräumt hat.

Freitag, 15. November

Klassenlehrerwechsel in Melindas Klasse

Melinda kommt bereits um kurz nach elf von der Schule nach Hause.

„Was ist los? Warum kommst du jetzt schon nach Hause? Sind die letzten beiden Stunden ausgefallen?“, will Jennifer von ihrer Tochter wissen.

„Ich gehe nicht mehr zur Schule. Die sind alle doof da.“

„Das beantwortet aber meine Frage nicht. Sind die letzten beiden Stunden ausgefallen?“

„Nein, ich bin einfach gegangen und ich gehe auch nie wieder hin.“

„Aber, Schatz, was war denn? Erzähl mal“, versucht Jennifer den Hintergrund herauszufinden.

„Unser neuer Klassenlehrer ist einfach nur blöd. Der kapiert nicht, dass ich Mathe eben nicht kann. Er sagt, ich müsse mehr üben. Aber was soll ich üben, wenn ich das erst gar nicht verstehe?

Und Romy ist auch ganz komisch zu mir. Als ich ihr gesagt habe, dass ich Mathe nicht verstehe, da hat sie nur gesagt, dass das mein Problem sei. Und ich hab´ immer gedacht, sie ist meine Freundin, mit der ich alles besprechen kann. Mama, ich kann nicht mehr zur Schule gehen. Alle sind gegen mich.“

„Ach, Schatz, das war ja heute wirklich ein schlechter Tag. Und ich verstehe dich sehr gut, aber jetzt ist erst einmal Wochenende und du kannst die Schule für die nächsten beiden Tage aus deinem Kopf verbannen. Und danach gucken wir weiter. Nichts ist so schlimm, wie es auf den ersten Blick aussieht. Das wirst du sehen."

„Ich gehe jetzt in mein Zimmer und zieh´ mir die Decke über den Kopf. Ich will keinen mehr sehen, auch dich nicht."

Melinda lässt den Schulranzen mitten im Flur liegen, hastet nach oben und mit einem Knall schließt sich die Tür zu ihrem Kinderzimmer.

Am ersten Tag nach den Herbstferien hatte Melinda einen Elternbrief mit nach Hause gebracht. Der Schulleiter hatte darin die Eltern informiert, dass die nette, junge Klassenlehrerin Frau Möller-Wipperfeld schwanger sei und ein Kind erwarte. Der Amtsarzt hätte entschieden, dass sie vorerst nicht mehr unterrichten dürfe, weswegen kurzfristig ein Herr Dr. Krawicz die Klassenleitung übernehmen werde.

Dr. Mateusz Krawicz ist 46 Jahre alt und promovierter Bio-Chemiker. Nach seinem Studium hatte er sich für eine wissenschaftliche Karriere entschieden, zunächst promoviert, dann weitere Zeitverträge an der Uni Köln unterschrieben, immer in der Hoffnung, sich eines Tages habilitieren zu können und eine ordentliche Professorenstelle zu ergattern.

Dann hatte er mit Anfang 40 die große Liebe gefunden, geheiratet und eine Familie gegründet. Versorgungssicherheit war schlagartig wichtiger geworden als der Traum von der Professur.

Zu dieser Zeit hatte das Ludwig-Erhard-Gymnasium gerade eine Lehrerstelle für Biologie und Chemie auf dem Lehrereinstellungsportal LEO ausgeschrieben. Da seit geraumer Zeit aber nicht mehr genügend regulär studierte Lehrer für den Naturwissenschaftsbereich verfügbar waren, hatte das LEG die Stelle für den Seiteneinstieg geöffnet.

Die Möglichkeit des Seiteneinstiegs hatte die Landesregierung zu Beginn der 2000er Jahre geschaffen, um dem drohenden Lehrermangel Herr zu werden. In Mangelfächern wie den Naturwissenschaften beispielsweise, aber auch in Fächern wie Englisch und Mathematik, überstieg die Nachfrage nach regulär ausgebildeten Lehrkräften das Angebot bei Weitem. Deshalb konnten Schulen ihre Stellenausschreibungen auch für Studienabsolventen mit anderen Abschlüssen, wie z.B. dem Diplom, öffnen. Dieser Abschluss wurde dann meist nachträglich als Erstes Staatsexamen für das Lehramt anerkannt und das Zweite Staatsexamen konnte berufsbegleitend nachgeholt werden.

Das war die Chance für Mateusz Krawicz gewesen und mangels regulärer Mitbewerber hatte er die Stelle bekommen. Um das zweite Staatsexamen nachzuholen, hatte Krawicz das zwei Jahre dauernde Referendariat parallel zu seiner Unterrichtstätigkeit absolviert. Das war zwar aufreibend, viel aufreibender als er sich den Lehrerjob ausgemalt hatte, aber es hatte bereits nach der Einstellung ein gutes TV-L-Gehalt gegeben.

Mateusz Krawicz hatte während des Referendariats bereits gemerkt, dass er dem ganzen didaktischen und methodischen Brimborium nicht viel abgewinnen konnte. Für ihn sind die fachlichen Aspekte entscheidend und die sind ja nahezu selbsterklärend, wenn man nur die richtigen Informationen bereitstellt.

Seine beiden Fachleiter, einer im Fach Biologie und ein anderer für das Fach Chemie, allerdings hatten auf didaktisch und methodisch gut geplanten und durchgeführten Unterrichtsproben bestanden. Es war immer wieder zu Diskussionen gekommen und keiner hatte den anderen von seiner Sicht überzeugen können. Als er sich dann verstiegen hatte anzumerken, dass man ja im Lehreralltag gar nicht rund käme, wenn man jede Stunde nach dem Konzept der Fachleiter plane, war er bei den beiden unten durch gewesen. Er konnte letztendlich froh sein, das Zweite Staatsexamen mit der Note 3,3 bestanden zu haben.

Jetzt unterrichtet Krawicz seit zwei Jahren Biologie, Chemie und fachfremd auch Mathematik als reguläre Gymnasiallehrkraft mit regulärem TV-L-13-Gehalt. Eine Verbeamtung, auf die Krawicz spekuliert hatte, ist ausgeschlossen, weil er die dafür notwendige Altersgrenze zum Stichtag überschritten hatte.

Meistens wird er in den oberen Klassen eingesetzt, weil er zwar fachlich äußerst versiert ist, ihm aber das pädagogische Fingerspitzengefühl fehlt.

Weil aber kein anderer Kollege mehr als Klassenlehrer zur Verfügung stand, hatte der Schulleiter ihn nun zum neuen Klassen-, Mathematik- und Biologielehrer der 5d ernannt.

Wer Differentialgleichungen lösen kann, für den sind die mathematischen Probleme der Schüler im fünften Schuljahr nicht erkennbar. Dr. Krawicz kann sich einfach nicht vorstellen, dass Kinder nicht in der Lage sind, diese grundlegenden mathematischen Themen zu verstehen. Aus seiner Perspektive ist doch alles logisch und klar und verständlich. Also müssen es auch die Schüler verstehen. Wenn nicht, strengen sie sich eben nicht genügend an. Sein Credo ist: „Du musst mehr üben.“

Neben anderen ist Melinda eines seiner Opfer. Sie tut sich schwer mit den abstrakten Konzepten der Mathematik, und Dr. Krawicz kommt überhaupt nicht auf die Idee, die unterschiedlichen Längenmaßeinheiten, die gerade durchgenommen werden, durch anschauliche Beispiele zu verdeutlichen.

Nach drei Wochen und einer Klassenarbeit ist Melinda auf eine Fünf in Mathematik abgerutscht. Auch in Biologie versteht sie nicht, wovon der Lehrer spricht. Und ein offenes Ohr für ihre Probleme, so wie es Frau Möller-Wipperfeld immer hatte, hat er auch nicht. „Da musst du durch. So ist es halt am Gymnasium“, ist sein Standardspruch, der Melinda aber noch kein einziges Mal weitergeholfen hat.

Jennifer glaubt, dass Melinda einen schlechten Tag hatte, und dass ihre negative Haltung von alleine wieder verschwindet. Sie ist sich sicher, dass Melinda am Montag zur Schule gehen wird, als wenn nichts gewesen wäre. Sie kennt ihr Kind ja als rundum fröhlich und unbekümmert.

Aber auch am Wochenende macht Melinda einen in sich gekehrten Eindruck. Und als Jennifer sie am Montagmorgen weckt, kommt nur ein maulendes „Lass mich in Ruhe, ich gehe nicht mehr zur Schule!“

„Das geht nicht. Du bist nicht krank, du musst zur Schule gehen. Darüber wird nicht diskutiert“, reagiert Jennifer ungehalten.

„Mach dich fertig. Ich mache die Brote. Und wenn du willst, bringe ich dich heute zur Schule, bevor ich Curd-Jürgen in die Kita fahre.“

Dann verlässt sie das Kinderzimmer. Als sie nach zehn Minuten immer noch keine Geräusche aus der Richtung von Melindas Zimmer hört, guckt sie nochmal nach. Das Mädchen hat sich, statt sich anzuziehen, nun ganz unter seine Bettdecke verzogen.

„Melinda, jetzt aber los. Raus aus dem Bett und Beeilung, hopp, hopp“, ist der Ton schon etwas fordernder.

Von unter der Bettdecke kommt ein gekünsteltes Husten und ein gekrächztes „Ich bin erkältet, ich kann nicht zur Schule.“

„Lass mich mal deine Stirn fühlen“, wird Jennifer langsam ungeduldig.

„Nein!“ kommt es daraufhin laut unter der Bettdecke hervor.

Was soll Jennifer machen. So etwas hat sie mit Melinda noch nie erlebt. Soll sie ihr die Bettdecke wegziehen, sie anziehen und in die Schule schleifen? Sie ist ratlos.

Carl-Michael schläft noch. Soll sie ihn wecken? Soll er ein Machtwort sprechen? Wird das was helfen?

Sie entscheidet sich anders: „Nun, wenn du meinst du bist krank, dann werde ich dich heute in der Schule entschuldigen. Aber dann gehen wir beide gleich zu Dr. Heimann und lassen dich untersuchen.“

Wieder nur ein gebrülltes „Nein!“

Jennifer knallt die Tür. Die Situation raubt ihr den letzten Nerv, und vor allem fühlt sie sich hilflos.

Sie ruft in der Schule an und entschuldigt Melinda für heute. Dann bringt sie erst einmal Curd-Jürgen zur Kindertagesstätte. Vielleicht kommen ihr ja auf dem Weg die richtigen Einfälle, wie sie mit ihrer Tochter am besten umgeht.

Auf dem Weg zur Kita lenkt Curd-Jürgen sie ab, so dass sie keinen zielführenden Gedanken fassen kann. Auf dem Rückweg kommt ihr Belinda Terodde in den Sinn. Wie gerne würde sie sie jetzt anrufen und sich Rat holen. Wahrscheinlich kannte Belinda von Romy solche Situationen und wahrscheinlich hätte sie Jennifer zumindest einen guten Tipp geben können. Aber die aufkeimende Freundschaft zu Belinda war schneller Vergangenheit, als es beiden lieb war, und dieser Gedanke macht Jennifer erneut traurig.

Zu Hause angekommen fragt Carl-Michael seine Frau, warum Melinda nicht in der Schule sei.

„Sie behauptet, sie sei krank. Wir gehen nachher zum Arzt und lassen das abklären. Ich habe sie bereits in der Schule entschuldigt."

„Prima. Du kümmerst dich. Ich muss jetzt los", verabschiedet sich Carl-Michael mit einem flüchtigen Kuss von Jennifer.

„Es kann spät werden heute", hört Jennifer nur noch leise, bevor die Haustür ins Schloss fällt.

Gegen 9 geht das Drama in den dritten Akt:

„Melinda, zieh dich an, damit wir zum Arzt gehen können."

„Ich gehe nicht zum Arzt."

„Ich denke, du bist krank?"

„Nein. Ich bin gesund. Alle anderen sind krank. Sollen die doch zum Arzt gehen. Vor allem die doofe Romy und der doofe Krawicz."

„Aha, daher weht der Wind", sagt Jennifer und denkt bei sich, dass sie jetzt schon mal einen Schritt weiter sind. Sie spürt eine kleine Erleichterung, hat sie wenigstens schon mal eine Diagnose für Melindas ‚Krankheit'.

Sie setzt sich zu Melinda ans Bett und wartet geduldig, was ihr Kind als nächstes sagt. Aber da kommt nichts mehr.

„Schatz, ich verspreche dir, wir finden eine Lösung. Nichts ist so schlimm, als das es dafür keine Medizin gibt. Wenn ich eines in meinem Leben gelernt habe, dann das. Vertrau mir.

Ich kann ja mal versuchen, mit Dr. Krawicz zu reden. Aber dazu muss ich wissen, was ich mit ihm reden soll, Schatz. Das muss du mir sagen."

Melinda ist aber noch nicht bereit: „Der ist nur doof, mit dem kann man nicht reden. Deswegen brauchst du auch nicht mit dem reden. Das bringt nichts."

„Und was ist mit Romy? Warum denkst du, dass die doof ist?"

„Die ist so komisch in letzter Zeit. Einmal hat sie zu mir gesagt, dass ich genauso eine blöde Ziege sei wie meine Mutter."

„Es ist tatsächlich so, dass ich mich mit ihrer Mutter verkracht habe. Aber das muss doch nicht heißen, dass ihr beiden Mädchen keine Freundinnen mehr sein könnt."

„Offensichtlich sieht Romy das aber so …"

Was kann Jennifer tun? „Gleich zwei Fälle von ‚Doofheit' in Melindas nahem Umfeld, das wäre mir wahrscheinlich auch zu viel", denkt Jennifer.

Gut, Krawicz ist kein pädagogisches Genie, aber irgendwie wird er sein Handwerk doch auch gelernt haben und es hoffentlich auch beherrschen. Um mit ihm zu reden, braucht Jennifer mehr Informationen. Natürlich kann es bei einem Lehrerwechsel vorkommen, dass ein Schüler sich notenmäßig verschlechtert, aber das heißt ja noch nicht, dass der Lehrer etwas falsch gemacht hat. Sie wird mit Dr. Krawicz sprechen und gegebenenfalls auch mit dem Schulleiter. Dann zieht sie wieder ein Kleid mit tiefem Ausschnitt an und dann wird ihr Kevin Schnalt sowieso nichts verwehren, schmunzelt sie vor sich hin.

Aber was ist mit Romy? Offensichtlich hat das Mädchen von dem Zwist zwischen Jennifer und Belinda etwas mitbekommen und sich auf die Seite ihrer Mutter geschlagen. Dabei geht Jennifer nicht mal so weit, dass sie Belinda ein absichtliches Instrumentalisieren ihrer Tochter vorwerfen würde. So eine ist Belinda nicht, mutmaßt Jennifer. Andererseits war sie schon sehr verletzt und vielleicht hat sie aus dieser Verletztheit heraus Dinge in Romys Gegenwart gesagt, die sie jetzt vermutlich bedauert. Aber das alles ist nur Spekulation, dessen ist Jennifer sich bewusst.

Soll sie Belinda anrufen? Auch wenn es zwischen den beiden Müttern keinen Frieden geben kann, so sind sie beide es doch ihren Töchtern schuldig, dass sie deren Freundschaft wieder kitten, oder?

Auch wenn es ihr schwer fällt, sie ruft Belinda an. Das Telefon klingelt, aber keiner hebt ab.

Sie versucht es eine halbe Stunde später erneut, aber wieder nimmt Belinda den Anruf nicht an. Vermutlich erkennt Belinda ihre Nummer und nimmt deshalb den Hörer nicht auf. Irgendwie war es doch möglich, die eigene Rufnummer beim Gegenüber zu unterdrücken? Nach einigem Ausprobieren findet sie die entsprechende Einstellung und probiert erneut. Jetzt nimmt Belinda den Anruf an:

„Terodde."

„Hallo Belinda, hier ist Jennifer Hass …", aber weiter kommt sie nicht, denn Belinda hat bereits wieder aufgelegt.

Dann muss sie eben persönlich mit Belinda sprechen. Schon sitzt sie in ihrem ‚Panzer' und macht sich auf den Weg zu Belindas Wohnung.

Sie klingelt einmal, nichts passiert. Sie klingelt erneut, wieder nichts. Sie klingelt Sturm, aber der Türöffner wird nicht ausgelöst. Ein Mann kommt aus dem Haus und nickt ihr zu. Sie wartet, bis der Mann ein paar Meter gegangen ist, dann steckt sie den Fuß in die sich schließende Haustür. Mit klopfendem Herzen steigt sie in den dritten Stock und steht jetzt vor der Wohnungstür mit dem Schild ‚Terodde'. Sie klingelt, nichts tut sich. Sie klopft an die Tür und sagt laut genug, dass Belinda es hören müsste:

„Belinda, bitte mach auf. Wir müssen reden. Ich weiß, ich habe dich nicht unterstützt und das tut mir leid. Aber muss das auch die Freundschaft zwischen Romy und Melinda zerstören?"

Nichts. Sekundenlang nichts.

„Belinda, bitte lass uns reden“, fleht Jennifer.
„Hau ab.“
„Bitte Belinda…“
„Hau ab. Mit dir will ich nichts mehr zu tun haben!“
Das war deutlich!

Als Jennifer nach Hause kommt, hat sich Melinda in ihrem Zimmer eingeschlossen.
„Schatz, ich war gerade bei Romys Mama. Aber die will nicht mit mir sprechen. Ich habe alles versucht.“
„Lass mich!“
Jennifer gibt erst einmal Ruhe.
Am frühen Nachmittag versucht sie erneut, Melinda zu dem Arztbesuch zu bewegen. Schließlich hat der Hausarzt Dr. Heimann immer wieder signalisiert, dass er sich auch bei pubertätsbedingten ‚Unpässlichkeiten‘ in der Pflicht sehe und zumindest einen kompetenten Kinderpsychologen empfehlen könne.
Aber soweit kommt es gar nicht. Melinda öffnet die Tür nicht. Jennifer ist mit ihrem Latein am Ende.
Spät am Abend kommt Carl-Michael nach Hause, müde wie immer. Am liebsten will er zu Hause nur gute Nachrichten hören, aber das geht heute nicht, denkt Jennifer, und erklärt ihm die Lage. Carl-Michael reagiert unwillig. Das ist doch Jennifers Aufgabe, hier eine Lösung zu finden. Als er ihre Verzweiflung spürt, hört er wenigstens zu. Alleine das tut Jennifer schon unendlich gut.
„Wenn sie nicht krank ist oder nicht zum Arzt will, dann muss sie zur Schule. Das ist doch wohl klar“, resümiert der Anwalt nüchtern.

„Ja, das ist mir auch klar, aber wie?"

„Welchen Druck hast du ihr denn gemacht? Ich denke an Taschengeldsperre oder daran, dass sie nicht mit in den Weihnachtsurlaub fliegt, wenn sie nicht spurt."

„Wie wäre es denn mit positiven Anreizen? Wir könnten ihr erlauben, dass sie reiten lernen darf. Das wünscht sie sich doch schon lange."

„Sie erfüllt ihre Pflichten nicht und soll dafür auch noch belohnt werden? Das finde ich pädagogisch aber äußerst fragwürdig", wendet Carl-Michael ein.

„Andererseits kann sie nichts für den doofen Lehrerwechsel. Und auch den Zwist mit Romy hat sie nicht selbst verursacht."

„Nichtsdestotrotz gibt es Pflichten, beispielsweise die Schulpflicht. Und in ihrem Alter muss sie lernen, dass man Pflichten nachkommen muss, wenn es einem auch noch so sehr widerstrebt. Ich sehe doch Tag für Tag, was dabei herauskommt, wenn Menschen sich nicht an Gesetze halten. Ihre Gründe dafür mögen noch so edel sein, aber am Ende des Tages kann eine Gesellschaft nur funktionieren, wenn sich alle gleichermaßen an die Regeln halten."

Carl-Michael weiß sehr wohl, dass er mit diesem Satz die Existenzberechtigung seiner ganzen Zunft in Frage stellt. Schließlich lebt sein Berufsstand davon, die tausend guten Gründe zu finden, weswegen der Mandant sich gerade nicht an die Gesetze halten konnte. Aber diese Diskussion will er heute Abend nicht mit Jennifer führen. Schließlich müsste dann er aktiv werden und herausfinden, warum seine Tochter ihren Klassenlehrer doof findet. Und vermutlich müsste er in die Schule fahren und langwierige Diskussionen mit dem Klassenlehrer und vermutlich mit dem Schulleiter führen, vielleicht sogar eine Beschwerde an die Bezirksregierung formulieren. Das alles will er gerne gegen gute Bezahlung für seine Mandanten leisten. Im Falle von Melinda, so muss er sich eingestehen, hält er den Weg mit der Taschengeldsperre, also der Strafe für die Pflichtverletzung respektive die Gesetzesübertretung, für richtig. Und vor allem für einfacher!

„Das kann ich nicht. Das ist ungerecht Melinda gegenüber", weigert sich Jennifer.

„Gut, dann bin ich eben morgen früh der Buhmann. Du wirst sehen, die wird zur Schule gehen, wenn ich ihr nur genug Druck mache. Und jetzt Schluss und Ende mit der Diskussion. Mein Tag war nicht weniger anstrengend als deiner, das kannst du mir glauben."

Schon wendet er sich dem Fernseher zu und fängt an, durch die Programme zu zappen.

Am nächsten Morgen ist zwar der Teller mit den Broten weg, den Jennifer vor Melindas Tür abgestellt hatte, aber die Zimmertür ist weiterhin verschlossen. Carl-Michael klopft an die Tür:

„Melinda, du weißt, dass du zur Schule gehen musst, auch wenn es dir noch so schwer fällt. Es gibt eine Schulpflicht, und wir sind dafür verantwortlich, dass du diese Pflicht einhältst."

„Ich gehe aber nicht mehr zur Schule. Das ist mein letztes Wort."

„Das liegt aber nicht in deinem Ermessen. Pflicht ist Pflicht und Gesetz ist Gesetz.“

„Ich gehe aber nicht. Und die Tür mache ich auch nicht auf.“

Es tut einen lauten Knall, und Carl-Michael steht mitten in Melindas Zimmer:

„Jetzt habe ich aber genug“, raunzt Carl-Michael seine Tochter an, die vor Schreck aufrecht im Bett sitzt.

„Los, anziehen!“, wirft er ihr Jeans und Pullover an den Kopf. Dann dreht er sich um und verlässt das Zimmer mit der demolierten Tür.

Das Mädchen ist offensichtlich eingeschüchtert aufgrund der Brutalität, mit der sich sein Vater Zugang zu seinem Zimmer verschafft hat. Melinda zieht sich widerwillig an.

Von unten schreit Carl-Michael:

„In fünf Minuten sitzt du neben mir im Auto und ich gebe dich an der Schule ab, klar?“

Melinda gehorcht. Noch nie hat sie ihren Vater so wütend und so brutal erlebt.

Eine Viertelstunde später lässt Carl-Michael seine Tochter an der Schule aussteigen. Weder zu Hause noch im Auto hat Melinda ein einziges Wort gesprochen. Carl-Michael wartet, bis er das Mädchen im Schuleingang verschwinden sieht. Erst dann setzt er seinen Weg zur Kanzlei fort. „Na, geht doch“, denkt er mit einer gewissen Genugtuung. Am Ende muss er auch noch für die richtige Erziehung sorgen, weil Jennifer einfach zu weich, zu mitfühlend ist.

Am Dienstag der darauffolgenden Woche erhält Jennifer einen Anruf von der Schule. Frau Örlinghaus will wissen, wo denn die ärztliche Entschuldigung für Melinda bleibt und ob schon klar sei, wie lange Melinda noch fehlen werde. Jennifer ist überrascht, denn Melinda war nach dem Vorfall vor einer Woche regelmäßig, wenn auch nicht freudig, wieder zur Schule gegangen.

„Aber Melinda war doch in der Schule. Ich verstehe nicht? Ich hatte sie zwar am letzten Montag entschuldigt, aber dann ist sie doch wieder zur Schule gegangen?!"

„Sehr geehrte Frau Hassel-Meyer, hier ist sie nur leider an keinem der Tage angekommen", hört Jennifer den süffisanten Unterton der Schulsekretärin.

„Das kann nicht sein", entgegnet Jennifer ratlos.

„Ich werde das mit meiner Tochter und meinem Mann klären. Spätestens morgen hören Sie von mir", legt sie genervt auf.

Sofort versucht sie, Melinda auf ihrem Handy anzurufen. Aber es meldet sich nur die Mailbox. Sie schreibt eine Nachricht über den Messengerdienst:

„Komm SOFORT nach Hause, ich weiß, dass du nicht in der Schule bist. Frau Örlinghaus hat gerade hier angerufen!!!"

Sie erhält keine Antwort und Melinda kommt auch nicht nach Hause. Auch nach dem regulären Schulschluss kommt das Mädchen nicht nach Hause.

Jennifer ruft in der Kanzlei an. Wie immer ist Carl-Michael im Mandantengespräch. Die Sekretärin verspricht ihr aber, dass sie ihn um Rückruf bittet, sobald er frei ist.

Als um 18 Uhr weder Melinda zu Hause ist, noch Carl-Michael zurückgerufen hat, wird Jennifer panisch. Was tun? Das Adrenalin überschwemmt ihren Körper mittlerweile. Aber weder Flucht noch Angriff sind hier gefragt. Ein kühler Kopf wäre gut, aber das Stresshormon bewirkt genau das Gegenteil.

In ihrer Panik wählt sie Belindas Nummer. Weil sie die Rufnummerunterdrückung nicht wieder zurückgestellt hat, nimmt Belinda den Anruf tatsächlich entgegen.

„Melinda ist verschwunden. Ich weiß nicht, was ich tun soll? Es ist schrecklich."

Das Gegenüber schweigt.

„Belinda, bitte hilf mir. Ich weiß nicht ein noch aus …"

Belinda schweigt weiter.

„Bitte, Belinda, …", schluchzt Jennifer.

„Jetzt beruhige dich mal und dann erzähl, was los ist."

Jennifer geht es schlagartig besser. Sie seufzt noch einmal laut und beginnt dann:

„Danke, Belinda. Ich fühle mich so alleine. Und unfähig als Mutter. Melinda ist offensichtlich schon über eine Woche lang nicht mehr zur Schule gegangen. Ich weiß nicht, ob Romy was erzählt hat?"

„Ja, hat sie. Wir dachten, Melinda sei krank …"

„Nein. Jedenfalls nicht körperlich. Plötzlich fand sie alles doof, die Schule, einfach alles. Du hast ja den Klassenlehrerwechsel auch mitbekommen. Klar war das ein Schock für die Kinder. Wie kommt Romy denn mit dem klar?"

„Es steht außer Frage, dass auch Romy lieber Frau Möller-Wipperfeld behalten hätte. Aber sie hat bereits gelernt, dass das Leben kein Wunschkonzert ist.

Aber jetzt erzähl mal weiter."

„Na, und zwischen Romy und Melinda knirscht es ja auch. Deswegen wollte ich ja letzte Woche mit dir sprechen. Es ist doch unfair, dass unsere Mädchen leiden müssen, nur weil ich Mist gebaut habe."

Sie schluchzt noch einmal.

„Jedenfalls gab es letzten Dienstag einen Riesenkrach. Carl-Michael hat Melinda richtig angeschrien. Dann hat er sie zur Schule gefahren und abgesetzt. Und danach ist sie jeden Morgen, wie als wenn nichts gewesen wäre, wieder alleine zur Schule gegangen. Jedenfalls haben wir das gedacht. Bis heute Vormittag, als Frau Örlinghaus sich erkundigte, wo denn die Krankschreibung für Melinda bliebe.

Ich habe versucht, Melinda anzurufen. Die ging aber nicht ran. Dann habe ich ihr eine Message geschickt, sie solle sofort nach Hause kommen. Ich wüsste Bescheid. Seitdem ist sie verschollen. Und Carl-Michael, na, du hast es ja selber mitbekommen, der ist selten eine große Hilfe.

Ich weiß nicht, was ich tun kann …"

„Ich spreche mal mit Romy, vielleicht hat die ja was gehört, was uns weiterhilft. Ich rufe dich gleich wieder an. Bleib in der Nähe des Telefons, ja?"

Nach zehn Minuten meldet sich Belinda wieder.

„Wir haben das Handy von Melinda gefunden. Sie scheint sich im Stadtpark rumzutreiben. Soll ich oder soll Romy mitkommen?"

„Wie habt ihr das denn herausgefunden?“, zeigt sich Jennifer verblüfft.

„Das musst du nicht wissen. Sollen wir mitkommen?“

„Ja, am liebsten ihr beide. Ich komme gleich bei dir vorbei. Es wäre schön, wenn du mit Romy vor dem Haus wartest, ja?“

„Okay, bis gleich.“

Sie finden Melinda auf einer Bank im Stadtpark liegend. Als sie die drei erkennt, gehen ihre Mundwinkel nach oben. Romy rennt zu ihr und umarmt sie.

„Ich war doof, ich weiß. Wir sind doch Freundinnen.“

Melinda schießen die Tränen in die Augen. Und sie schluchzt weiter, als ihre Mama sie umarmt.

„Mama, ich habe mich so alleine gefühlt.“

„Wir beide müssen Belinda und Romy danken, mein Schatz. Die haben dich gefunden.“

„Liebe Belinda, liebe Romy, das war sehr großzügig von euch, dass ihr geholfen habt, Melinda zu finden. Ich weiß gar nicht, wie ich euch danken kann. Ich war so verzweifelt.“

„Ich weiß nur zu gut, was du durchgemacht hast.“ Dabei schaut Belinda Romy an, die verlegen grinst.

„Jennifer, wie wäre es, wenn wir demnächst mal zusammen einen Kaffee trinken und über alles reden?

Und ihr beiden dürft auch dann Freundinnen bleiben, selbst wenn eure Mütter rumzicken. Oder was meinst du, Jennifer?“

Die nickt erleichtert mit dem Kopf und strahlt Belinda an.

„Eine gute und verlässliche Freundin zu haben, ist vielleicht mit das Beste im Leben, was einer Frau mit drei heranwachsenden Kindern passieren kann“, denkt Jennifer.

Dienstag, 31. Dezember

Silvester – Jahresrückblick

Am Nachmittag gibt Jennifer ihrem Mann zu verstehen, dass sie nicht zur Silvesterparty des Oberbergischen Anwaltvereins mitkommt. Sie schützt Migräne vor. Dagegen kann Carl-Michael nicht argumentieren, und er versucht es auch gar nicht erst.

Jennifer freut sich auf den Jahresübergang ganz mit sich allein. Melinda und Curd-Jürgen genießen den Silvesterabend bei den Großeltern und Caspar ist zu einer Fete seiner Klassenkameraden eingeladen.

Als auch Carl-Michael gefahren ist, holt sie sich eine gute Flasche Primitivo aus dem Weinkeller und macht es sich auf dem Sofa gemütlich.

Was war das für ein verrücktes Jahr? Jennifer lässt die Ereignisse Revue passieren.

Caspar ist nicht wirklich zu dumm, um das Gymnasium zu bestehen, in dem Punkt würde Jennifer den Lehrern zustimmen. Aber er hat nicht die Arbeitshaltung, die zudem erforderlich ist, um das Abitur zu schaffen. Und am Ende des Tages unterstützt Jennifer seine laxe Haltung, indem sie sich immer wieder vor ihn stellt, ihn aus der Schusslinie nimmt. So, wie sie es zuletzt noch getan hat bei der Drogengeschichte auf der Klassenfahrt. Und im Ergebnis fühlt sich Caspar immer wieder bestätigt und kultiviert weiterhin die Idee, dass er sich erlauben kann, was er will, dass er unantastbar ist.

Und wenn einmal von außen Druck auf Caspar aufgebaut wird, was selten genug der Fall ist, weil alle ja immer so verständnisvoll sind und sein müssen, dann stellen sich seine Eltern, wenn auch aus unterschiedlicher Motivation, vor ihn und beschützen ihn. Bei Carl-Michael ist die Motivation, dass er sich durch Caspars Eskapaden seinen eigenen guten Leumund nicht zerstören lassen will. Bei ihr, Jennifer, mögen die Gründe zwar edler sein, aber im Ergebnis stützt sie Caspars Narzissmus genauso.

Nur gut, dass ihr Verhältnis zu Belinda Terodde wieder gekittet zu sein scheint. So hatte Melindas Schulschwänzen und ihr Verschwinden am Ende doch noch etwas Gutes gehabt.

Belinda hat eben dieselben Erfahrungen wie sie gesammelt und kann sich daher in ihre Gefühlswelt einfühlen. So eine Freundin braucht man, wenn man drei Kinder großzuziehen hat. In diesem Punkt ist ihr Carl-Michael kein guter Partner. Er ist zu weit von ihrem Denken und Fühlen entfernt, wenn es um die Kinder geht. Gut, manchmal bildet er ein Korrektiv, wenn sie sich zu weit in ihre Ideen versteigt. Aber da er nur selten zu Hause ist, wenn sie seine Hilfe braucht, und ihn auch nicht erreichen kann, spielt auch das nur eine untergeordnete Rolle. Und abends ist er immer zu erschöpft, um sich mit den leidigen Familienthemen auseinandersetzen zu wollen.

Irgendwie kann Jennifer ihn auch verstehen. Er hat eine anspruchsvolle Arbeit, die ihn ganz in Beschlag nimmt. Aber wäre es nicht wirklich schöner, wenn er sich weniger mühen müsste, dadurch mehr Energie am Abend und damit für die Familie übrig bliebe, selbst wenn sein Verdienst dann nicht ganz so fürstlich ausfiele? Was nutzen einer zerrütteten Familie ein großes Haus, zwei teure Autos und drei Flugreisen pro Jahr? Von der Rolex ganz zu schweigen.

Das Gespräch, das Belinda und Jennifer im Café Lindner geführt hatten, hatte gezeigt, dass beide Mütter nahezu dieselben Probleme zu bewältigen haben, obwohl ihre Ausgangslagen doch höchst unterschiedlich sind.

Belinda hatte erzählt, dass Romy während der Grundschulzeit auch mehrere Tage nicht zur Schule gegangen sei. Sie habe mit Engelszungen reden können, die Schule sei einfach nur doof gewesen, und die besten Erwachsenenargumente hatten nicht helfen können.

Frau Schmalenbach hatte ihr damals geraten, eine kirchliche Sozialarbeiterin zu Rate zu ziehen. Diese Frau hatte Romy äußerst emotionslos klargemacht, was als Nächstes passieren würde, wenn Romy nicht wieder zur Schule ginge. Es sei, so hatte Belinda es dargestellt, der Frau auch zunächst nicht darum gegangen, etwas über Romys Motive zu erfahren, warum sie der Schule ferngeblieben sei. Wenn man es so will, sei zuerst die Regel zu befolgen. Erst wenn das geklärt sei, könne man sich um die Befindlichkeiten kümmern. Bei Romy jedenfalls habe dieser harsche Weg funktioniert. Und sie habe die Idee, so Belinda, dass Romy durch diesen Vorfall ihren Teil gelernt habe.

Am Ende hatte sich Belinda sogar glücklich darüber gezeigt, dass Dean nun nicht mehr in Caspars Einflusssphäre weile. Er habe sehr schnell neue Kontakte in der anderen Klasse geknüpft. Und er sei regelrecht aufgeblüht. Das zu hören hatte Jennifer zunächst geschmerzt. Aber das war das alte Gefühl, das sie immer wieder dazu verleitete, Caspar in Schutz zu nehmen. In dem Gespräch mit Belinda war sie tatsächlich so klar gewesen, dass auch sie für Caspar einen Vorteil durch die Trennung von Dean habe erkennen können: Caspar finde in der 9c keinen, der sich wie Dean instrumentalisieren lasse und nach seiner Pfeife tanze. Zwar würde sich Caspar jetzt manchmal als ‚Aussätziger' titulieren, aber vielleicht sei das für einen Egozentriker wie ihn mal eine ganz heilsame Erfahrung, hatte Jennifer erstaunlich offen und ehrlich gegenüber Belinda geäußert.

Vielleicht würde Caspar so den Turnaround schaffen. Aber dazu würde Jennifer es hinbekommen müssen, ihn seine eigenen Fehler machen und ihn selbst für diese einstehen zu lassen.

Es ist ihr guter Vorsatz für das neue Jahr. Aber es wird auch wichtig sein, dass Carl-Michael in gleicher Manier mitzieht. Auch er darf für seinen Ältesten nicht wieder die Kohlen aus dem Feuer holen, auch wenn es dann heißt: „Was hat der Herr Anwalt denn da für ein Früchtchen großgezogen?!"

Sonst ändert sich gar nichts.

Jennifer ist glücklich, dass Melinda und Romy sich wieder gut verstehen. Das hilft Melinda, die ausbleibenden schulischen Erfolge zu verkraften.

Jennifer hatte mit Dr. Krawicz telefoniert. Der hatte sich aber wenig von ihrer Bitte um Rücksichtnahme auf Melinda angenommen. Melinda hatte ihn also so verkehrt nicht eingeschätzt.

Und vielleicht hat Krawicz ja auch irgendwie recht: Melinda ist einfach nicht richtig am Gymnasium, ihr logisches Denkvermögen ist halt nicht sehr ausgeprägt, und so tut sie sich schwer in Mathematik und Naturwissenschaften, aber auch mit der Grammatik. Alle künstlerischen Fächer hingegen liegen ihr, und dort arbeitet sie mit Enthusiasmus mit.

Zwar hatte Jennifer bei Kevin Schnalt dank tiefer Einblicke in ihr Dekolleté erreicht, dass Krawicz die neue Referendarin für Englisch und Kunst als Co-Klassenlehrerin zur Seite gestellt wurde, aber im Grunde würde sich dadurch nicht viel ändern. Die Blöße der Abberufung von Krawicz als Klassenlehrer nach so kurzer Zeit hatte der Schulleiter sich nicht geben können und wollen. Welche Zeichen an die Schulgemeinde hätte er damit gesendet: Bei Eltern und Schülern hätte er den Eindruck erweckt, dass sie nur konsequent genug insistieren müssen, um das Gewünschte zu bekommen. Und das Kollegium hätte ihm zu Recht vorgehalten, dass, wer nur schlecht genug arbeite, schnell wieder seiner Aufgaben enthoben würde und damit die anderen über Gebühr belaste. Nein, Schnalt hatte seine Entscheidung, Krawicz zum Klassenlehrer der 5d zu ernennen, aufrechterhalten müssen, das war Jennifer klar geworden.

Jedenfalls, so denkt Jennifer, wird sie Melinda nicht weiter quälen. Sie hat ihrer Tochter versprochen, dass sie die Schule wechseln kann, wenn es am Gymnasium einfach nicht geht, wenn sie die erforderlichen Leistungen nicht erbringen kann. Jennifer und Melinda haben sich vorgenommen, das Halbjahreszeugnis abzuwarten und dann zu entscheiden. Melinda wird nicht ohne Not die Schule wechseln wollen, denn sie möchte weiterhin mit Romy in eine Klasse gehen. Aber wenn die Not eben zu groß wird, dann soll es so sein.

Carl-Michael wird nicht einverstanden sein, er wird Nachhilfeunterricht oder ähnliche Unterstützung vorschlagen. Aber das kann es ja nicht sein, dass man den gewünschten Abschluss nur erreichen kann, wenn man die gesamte Schulzeit hindurch zusätzlich gefördert werden muss. Nein, das wird sie ihrem Kind nicht zumuten. Melinda ist noch so klein, sie muss auch noch Kind sein dürfen und spielen und tanzen und lachen. Nein, rund um die Uhr zu büffeln, so stellt sich Jennifer das Leben für ihre Tochter nicht vor. Der Ernst des Lebens beginnt noch früh genug.

Ab morgen, so nimmt sich Jennifer einen weiteren Vorsatz für das neue Jahr, wird sie Carl-Michael in die Schranken weisen. Am Ende muss sie für alle Entscheidungen die Kinder betreffend sowieso den Kopf hinhalten. Und das wird sie Carl-Michael gegenüber auch in Zukunft genauso vertreten. In diesem Punkt ist ihr Selbstbewusstsein im zurückliegenden Jahr deutlich gewachsen.

Und wer weiß, vielleicht kann Melinda ohne den schulischen Druck durch das Gymnasium ihr künstlerisches Talent wesentlich besser entfalten. Hatte Jenny nicht in dem Buch von Dr. Sommer auch etwas über multiple Intelligenzen gelesen? Ja, auch Sommer prangte die einseitig kognitive - sie hatte diesen Begriff googeln müssen, aber jetzt gehörte er fast schon zu ihrem Sprachrepertoire - Ausrichtung des Schulsystems an. Dass Melinda mit einem künstlerischen Beruf später ihr Auskommen sichern können würde, davon ist Jennifer schon heute überzeugt. Und vor allem würde sie auf diesem Wege sicher glücklicher werden als mit einer akademischen Karriere, wie sie Carl-Michael für alle seine Kinder vorschwebt.

Und Curd-Jürgen?

Würde Jennifer mit ihrem neuen Selbstbewusstsein und mit der Freundschaft zu und Unterstützung durch Belinda Terodde bei Curd-Jürgens Erziehung dieselben Fehler machen wie bei Caspar oder bei Melinda? Würde sie ihm auch zu viel durchgehen lassen wie Caspar? Oder würde sie ihn überfordern, wie sie Melinda überfordert hat?

Sie hat im letzten Jahr viel gelernt, viel erkannt, aber sitzen die falschen Erziehungsmuster nicht zu tief in ihr drin? Jennifer ist sich nicht sicher, ob sie alles besser machen wird im nächsten Jahr und vor allem bei Curd-Jürgen. Wenn er sie mit seinen großen Kulleraugen anguckt, dann will sie ihn einfach nur lieb haben. Aber wirkliche Liebe bedeutet in der Erziehung eben manchmal auch Strenge und Konsequenz. Bekommt sie das hin? Zweifel kommen auf. Aber dann sagt sie sich, dass sie es nach bestem Wissen und Gewissen versuchen wird. Das ist ihr größter Vorsatz für das neue Jahr. Und mit diesem versöhnlichen Gedanken schläft sie bereits weit vor Mitternacht ein.

In den Abendnachrichten hat Jennifer gehört, dass im chinesischen Wuhan eine neue Lungenerkrankung ausgebrochen sei. China ist weit weg und so hat sie sich am heutigen Silvesterabend keine weiteren Sorgen über diese Meldung gemacht.

Manchmal ist es gut, dass wir nicht in die Zukunft blicken können. Hätte Jennifer an diesem Abend bereits gewusst, welche Herausforderungen durch Covid-19 in den kommenden Jahren auf Familien, Erzieher und Lehrer, Politiker und Behörden, auf die gesamte Welt zukommen würden, ihre Gedanken wären nicht so schnell zur Ruhe gekommen und das zurückliegende Jahr wäre ihr wie das Paradies erschienen.

Danksagung:

Ich bedanke mich sehr herzlich bei Susanne Eckhardt und Martina Wehrmeister für das Lektorat und für alle guten Hinweise.

Weiterhin bedanke ich mich für die Möglichkeit des Eigenverlags, den epubli.de bietet.

Halver, im September 2022

CePe Wirth

Über den Autor:

CePe Wirth studierte Wirtschafts- und Fotoingenieurwesen. Seit Anfang der 2000er Jahre arbeitete er als Lehrer im öffentlichen Schuldienst, mehr als die Hälfte dieser Zeit in Leitungsfunktionen.

Zuletzt leitete er die Realschule in Radevormwald, einer Kleinstadt im Oberbergischen Kreis. Nach der Schließung der Schule kündigte er den Schuldienst und ist seitdem als freier Autor und Webdesigner tätig.

CePe Wirth verarbeitet in seinem Erstlingswerk seine Kritik am Schulsystem. Dazu versetzt er sich in die Rolle seiner Protagonistin Jennifer Hassel-Meyer, einer Mutter von drei Kindern. Er begleitet die fiktive Figur über ein Jahr hinweg durch ihren Alltag und lässt auch Personen aus ihrem Umfeld ihre Ansichten über Heranwachsende, ihr familiäres und gesellschaftliches Umfeld, Kindergärten und das Schulsystem äußern.

Bitte besuchen Sie auch die Webseite des Buches:

www.reproduktionsfehler.de

oder scannen Sie den QR-Code:

ISBN 978-3-7565-3686-3
9 783756 536863 00003
www.epubli.de